Kohlhammer

Die Autor*innen

Dr. Seyda Subasi Singh ist Senior Lecturer und Senior Researcher am Zentrum für Lehrer*innenbildung der Universität Wien. Ihre Schwerpunkte der Lehre und Forschung sind inklusive Lehrer*innenbildung, Intersektionalität, (forced) migration, Inter- und Transkulturalität in der Schule, sozial-emotionales Lernen, Bildung in der Migrationsgesellschaft.

Mohamed Abdel Keream ist Doktorand der Bildungswissenschaft an der Universität Wien und forscht zur Professionalisierung von Lehrkräften. Er lehrt am Zentrum für Lehrer*innenbildung und am Institut für Sprachwissenschaft. Seine Schwerpunkte sind Trauma-informierte Bildung, Bildungsgerechtigkeit und Mehrsprachigkeit.

Prof. Dr. Michelle Proyer ist Professorin für Inklusive Pädagogik am Department of Education and Social Work, Faculty of Humanities, Education and Social Sciences der Universität Luxemburg. Schwerpunkte ihrer Lehre und Forschung sind inklusive Lehrer*innebildung, inklusive und partizipative Forschungspraxis, international vergleichende Forschung, inclusive refugee and migration studies, diversity.

Dr. Neda Forghani-Arani ist Senior Lecturer und Senior Researcher am Zentrum für Lehrer*innenbildung der Universität Wien. Ihre Schwerpunkte in Lehre und Forschung sind Lehrer*innenbildung und Lehrer*innenbildungs- und Professionalisierungsforschung, Schulpädagogik, Bildung in der Migrationsgesellschaft, pädagogischer Umgang mit Diversität, Inter- und Transkulturalität in der Schule.

Regina Studener-Kuras ist Senior Scientist am Institut für Bildungswissenschaft der Universität Wien im Arbeitsbereich Psychoanalytische Pädagogik. Ihre Schwerpunkte in Lehre und Forschung sind kindliche Entwicklung und Bildungsprozesse, Beratungsprozesse im Kontext von Belastung, Trauma und Migration, psychoanalytisch-pädagogische Eltern- und Erziehungsberatung im Rahmen von Pflegschaftsverfahren und Hochkonflikt.

Subasi Singh, Abdel Keream, Proyer,
Forghani-Arani, Studener-Kuras

Die Trauma-informierte Schule

Ein Handbuch

Verlag W. Kohlhammer

Dieses Werk einschließlich aller seiner Teile ist urheberrechtlich geschützt. Jede Verwendung außerhalb der engen Grenzen des Urheberrechts ist ohne Zustimmung des Verlags unzulässig und strafbar. Das gilt insbesondere für Vervielfältigungen, Übersetzungen, Mikroverfilmungen und für die Einspeicherung und Verarbeitung in elektronischen Systemen.

Die Wiedergabe von Warenbezeichnungen, Handelsnamen und sonstigen Kennzeichen in diesem Buch berechtigt nicht zu der Annahme, dass diese von jedermann frei benutzt werden dürfen. Vielmehr kann es sich auch dann um eingetragene Warenzeichen oder sonstige geschützte Kennzeichen handeln, wenn sie nicht eigens als solche gekennzeichnet sind.

Es konnten nicht alle Rechtsinhaber von Abbildungen ermittelt werden. Sollte dem Verlag gegenüber der Nachweis der Rechtsinhaberschaft geführt werden, wird das branchenübliche Honorar nachträglich gezahlt.

Dieses Werk enthält Hinweise/Links zu externen Websites Dritter, auf deren Inhalt der Verlag keinen Einfluss hat und die der Haftung der jeweiligen Seitenanbieter oder -betreiber unterliegen. Zum Zeitpunkt der Verlinkung wurden die externen Websites auf mögliche Rechtsverstöße überprüft und dabei keine Rechtsverletzung festgestellt. Ohne konkrete Hinweise auf eine solche Rechtsverletzung ist eine permanente inhaltliche Kontrolle der verlinkten Seiten nicht zumutbar. Sollten jedoch Rechtsverletzungen bekannt werden, werden die betroffenen externen Links soweit möglich unverzüglich entfernt.

1. Auflage 2025

Alle Rechte vorbehalten
© W. Kohlhammer GmbH, Stuttgart
Gesamtherstellung: W. Kohlhammer GmbH, Heßbrühlstr. 69, 70565 Stuttgart
produktionssicherheit@kohlhammer.de

Print:
ISBN 978-3-17-045076-9

E-Book-Formate:
pdf: ISBN 978-3-17-045077-6
epub: ISBN 978-3-17-045078-3

Inhalt

Vorwort 7

1 **Lehrperson-Sein in der Krise: Erfahrungen,
  Begegnungen und Beziehungen** 9
  1.1 Warum dieses Buch? 9
  1.2 Lesarten dieses Buches 11

2 **Trauma und pädagogisches Verständnis** 17
  2.1 Was ist Trauma? 17
  2.2 Definitionen – Trauma neu denken 23
  2.3 Trauma pädagogisch weiterdenken 34

3 **Trauma-informierte pädagogische Ansätze** 38
  3.1 Von Trauma-Bewusstheit zu
      Trauma-Informiertheit 38
      3.1.1 Zwischen Trauma-Fixierung und
            Trauma-Ignoranz 39
      3.1.2 Sekundäre Traumatisierung 42
      3.1.3 Trauma-Informiertheit 44
  3.2 Trauma-informed care (TIC) 55
  3.3 Trauma-Informiertheit in pädagogischen
      Kontexten 58
      3.3.1 Grundsätze Trauma-informierter Pädagogik 61
      3.3.2 Merkmale Trauma-informierter
            Lehr-/Lernumgebungen 64
      3.3.3 Mythen und Fehlkonzepte zu Trauma in
            pädagogischen Kontexten 69

3.3.4	Trauma als Brille statt als Etikettierung	73
3.4	Trauma-Informiertheit als Baustein inklusiver Schule und Schulentwicklung	74

4 Schule als Trauma-informierter Ort ... **78**

4.1	Trauma-informierte Schulpraxis	78
4.1.1	Merkmale der Trauma-informierten Schule	79
4.1.2	Schule als sichere Lernumgebung – physisches und psychisches Wohlbefinden	82
4.1.3	Der Prozess hin zur Trauma-informierten Schule	85
4.1.4	Trauma-informierte Schule als »whole school«-Ansatz	89
4.2	Trauma-informierter Unterricht	92
4.2.1	Das proaktive Klassenzimmer	94
4.2.2	Trauma-informiertes Classroom Management	97

5 Professionalisierung für die Trauma-informierte Schule ... **102**

5.1	Trauma-informiertes pädagogisch-professionelles Handeln in Theorie und Praxis	102
5.2	Reflexive erkenntniskritische Lernhaltung	108
5.3	Transformative Bildung	113
5.4	Inklusionsorientierte Trauma-informierte Schule	118

Literatur ... **123**

Vorwort

Dieses Handbuch befasst sich mit Lehrer*in-Sein, aber auch mit Lehrer*innenprofessionalisierung in Zeiten sozialer Umwälzungen, mit einem besonderen Augenmerk auf Trauma-Informiertheit. Die Polykrise unserer Gegenwart dient als Ausgangspunkt. Der Ausblick reicht aber weit über das tiefe existenzielle Unbehagen des gegenwärtigen Zustands der Unordnung und Verwirrung hinaus. Als Teilaspekt inklusiver Lernumgebungen bildet Trauma-Informiertheit einen Baustein für zukünftige Schulmodelle, in denen auch die seelische und körperliche Gesundheit aller am Schulleben Beteiligten eine zentrale Rolle spielt.

Dieses Buch ist eines der Produkte, die aus den Aktivitäten einer Arbeitsgruppe hervorgehen, die das Ziel verfolgt, den Ansatz der Traumainformierten Schule auch im deutschsprachigen Raum zu etablieren, und sich dafür engagiert, dekoloniale Ansätze in der pädagogischen Arbeit voranzutreiben. Unter anderem hat sich die Arbeitsgruppe bestehend aus den fünf Autor*innen, die sich an unterschiedlichen Abschnitten ihrer akademischen Karrieren in verschiedenen Institutionen befinden, im Rahmen einer Strategic Partnership zwischen der Universität Wien und der Universität Chicago regelmäßig in Lehre und Forschung mit internationalen Kolleg*innen vernetzt. Generationenübergreifende und über Ländergrenzen hinweg reichende Kooperation, die dieses Buch durch und durch inspiriert hat, ist unserer Meinung nach auch ganz zentral für die Gestaltung von Schule und Lehrer*innenbildung. Das Buch regt dazu an, inklusive Perspektiven im Sinne einer machtkritischen, dekolonialen und transformatorischen Pädagogik zu verorten. Damit lädt es zum Weiterdenken ein, da die konkrete Umsetzung noch nicht durchexerziert ist und es daher kritischer Praktiker*innen bedarf, die bereit sind, kritisch zu hinterfragen, zu erproben und voranzutreiben.

Wir bedanken uns an dieser Stelle bei Marlies Lengauer, Nina Weihs und Julia Kojalek für die kritische Lektüre und ihre editoriale Unterstützung. Bei Micere Keels, Shipra Parikh und Jessica Darrow für Ihre Gastfreundinnenschaft und die vielen lessons learned.

Wien und Luxemburg im August 2024
Seyda Subasi Singh, Mohamed Abdel Keream, Michelle Proyer,
Neda Forghani-Arani und Regina Studener-Kuras

1 Lehrperson-Sein in der Krise: Erfahrungen, Begegnungen und Beziehungen

> **Worum es geht …**
>
> Das erste Kapitel dieses Buches versteht sich als Verortung und Leseanleitung. Das Wissen um den Zeitpunkt der Entstehung des Handbuches ist relevant dafür, die Inhalte nachvollziehbar einordnen zu können. Aufgrund der Breite des Themenkomplexes scheint eine ideengeschichtliche Einordnung bzw. Verortung hilfreich.

1.1 Warum dieses Buch?

Dieses Handbuch entsteht in einer Zeit, in der zunehmende Diversifizierungsprozesse und hochkomplexe gesamtgesellschaftliche Entwicklungen in vielerlei Hinsicht in Zusammenhang mit der Institution Schule thematisiert wurden. Die Thematisierung von Krise und Krisenzeit hat in Alltags- und Fachgesprächen Omnipräsenz gefunden und bringt im interdisziplinären und internationalen Austausch auch erweiterte Möglichkeiten für die Bewältigung von (globalen) Krisen hervor (Wodak, 2016). Migration spielt bei diesen Diversifizierungsprozessen eine Schlüsselrolle (Vertovec, 2024). Die derzeitigen Mobilitätsmuster der Menschen werden durch eine Reihe von Faktoren bestimmt, darunter politische Instabilität, bewaffnete Konflikte und Krieg, Unsicherheit, Gewalt, mangelnde wirtschaftliche Aussichten, Familienzusammenführung, Bildungsbestrebungen und Klimawandel. Die Superdiversität (ebd.) einschließlich ihrer hyperkomplexen Zusammenhänge bestimmt nicht nur gesellschaftliche Fragestellungen, sondern auch schulische Alltagswirklichkeiten.

Dass die Schule in Zeiten von sozialem Wandel an öffentlichem Interesse gewinnt, ist grundsätzlich nichts Neues. »Was gesellschaftlich misslingt, wird zur Schulkritik« (Hopmann & Künzli, 1995, S. 31). Dementsprechend ist in den letzten Jahren die mangelhafte Kohäsion in der Migrationsgesellschaft zum Teil zum schulischen Integrationsproblem geworden und in Verbindung mit dem aktuellen Lehrer*innenmangel in Österreich zum Gegenstand eines Narrativs der aussichtslosen Überforderung von Schulen.

Der aktuelle Diskurs zur Krisenintervention geht grundsätzlich davon aus, dass eine Krise immer dann entsteht, wenn ein Ungleichgewicht zwischen einer äußeren Belastung und den momentan zur Verfügung stehenden Bewältigungsstrategien aufkommt (Stein, 2020). Krisen reichen von der individuellen Ausnahmesituation (z. B. häusliche Gewalt) bis hin zu Übergriffen an Schulen (z. B. sogenannte school shootings) und globalen Krisen, die sich auf Schule auswirken (z. B. Kriege, die den Schulbesuch verunmöglichen). Fragen nach den Bedürfnissen von Kindern, Jugendlichen und Lehrpersonen und den daraus möglicherweise resultierenden Konsequenzen für die Veränderung und Transformation von Schule bleiben ausgespart, wären aber insbesondere im bildungspolitischen Kontext zu stellen. Die Auseinandersetzung mit den tatsächlich bestehenden Belastungen wird nach wie vor außer Acht gelassen. Ebenso wird die Rolle von Schule als potenziell zu Krisen bzw. Trauma beitragender Institution nach wie vor außer Acht gelassen.

Dieser Zugang, Krise und Krisenzeiten als eine Möglichkeit zu erkennen, bildet in gewisser Weise die Ausgangsbasis für dieses Buch: die Notwendigkeit und Verantwortung in diesem Sinn kritisch auf Schule und Bildung zu blicken, zu reflektieren, welche Krisen Schule selbst hervorbringt, und als Konsequenz daraus Trauma-informierte Schule als zukünftigen »State of the Art für Bildung« zu postulieren. Stellt sich doch – vor allem in Krisenzeiten – die Frage, wie grundlegende Ziele von Bildung und pädagogische Schulmodelle überdacht werden müssen, damit sie für diese allgegenwärtigen Möglichkeiten der Unsicherheit, des Risikos und des unaufhaltsamen Wandels besser geeignet sind (Peters et al., 2020). Mehrere Forscher*innen stellen die Frage nach der »Art von Erzieher*innen« (Hill et al., 2020), die die Welt heute braucht, und danach, welche Welt im Gefolge der gegenwärtigen pädagogischen Gewohnheitspraktiken für Menschen und unsere gemeinsame mehr-als-menschliche Welt im Sinne eines posthumanistischen Verständnisses übrig bleiben wird.

Eine der beständigen Herausforderungen für Lehrpersonen im schulischen Alltag ist, sich immer wieder schnell und unmittelbar an neue Gegebenheiten anpassen zu müssen. Lehrpersonen übernehmen dabei häufig die Rolle von emotionalen Bezugspersonen, während sie selbst mit eigenen Krisenerfahrungen umzugehen versuchen. Dabei stellen sie oft fest, dass ihnen direkt anwendbares Wissen aus ihrer Erstausbildung fehlt. Sie erkennen die Herausforderung neben der Wissensvermittlung im Unterricht auch in der Interaktion mit ihren Schüler*innen affektive Begleitung zu leisten. So gilt es ein heikles Gleichgewicht zwischen professioneller Distanz und emotionaler Nähe zu wahren, die realen Sorgen und Ängste der Schüler*innen anzuerkennen und gleichzeitig die Gewissheit von Normalität und Hoffnung zu vermitteln.

Gerade in Zeiten des Lehrer*innenmangels gewinnt die Frage nach dem pädagogisch-professionellen Umgang mit individuellen und kollektiven Krisen an Bedeutung. Das Buch versteht – mitunter schon lange andauernde – Krisen als Anlass dazu umzudenken und konstruktive Lösungen für Machtungleichgewichte und Ausschluss im Bildungsbereich zu finden: Damit definieren wir transformatorische, machtkritische und inklusive Bildung als Zielsetzung.

1.2 Lesarten dieses Buches

Das übergeordnete Ziel, das im Buch verfolgt wird, ist einen Perspektivenwechsel auf Schule und Trauma anzuregen: Es geht darum, den Übergang von einer Schule der prekären Zugehörigkeit, die durch die Reproduktion von Trauma(ta) und Ausgrenzung gekennzeichnet ist, hin

1 Lehrperson-Sein in der Krise: Erfahrungen, Begegnungen und Beziehungen

zu einer inklusiven Schule, die durch konsequente Partizipation aller Beteiligten charakterisiert ist, zu vollziehen – eine Schule, in der nicht nur die Schüler*innen, sondern auch die Lehrpersonen einen sichere und unterstützende Rahmenbedingungen finden. Das Buch verortet sich als Teil des prozessualen Charakters von inklusiver Pädagogik, in einer Phase des Neudenkens bzw. Umdenkens von individualdiagnostischer Intervention hin zu einem systematischen Zugang, dass Bildung für alle als selbstverständliche Verantwortung versteht und in der Umsetzung möglich macht.

Mit diesem Zugang geht auch eine anzeigende und kritische Haltung gegenüber Lesarten von etablierten Diskursen, Begrifflichkeiten und Theorieentwicklungen einher. Dies meint nicht eine grundsätzliche und bloße Verneinung und Ablehnung von Begriffen und Definitionen. Vielmehr geht es darum, (in uns) bestehende Automatismen kategorialer Zuschreibungen und Ausblendungen sowie die Einordnung in vermeintliches Wissen und Handeln entlang tradierter Konzepte grundlegend zu hinterfragen und sich somit einem kritischen Blick auf das eigene Verstehen und Handeln zu stellen. Dies bedeutet in weiterer Folge auch klassische Perspektiven auf Trauma zu hinterfragen. Auf der Ebene des einzelnen Individuums steht selbstverständlich die Linderung von Belastungen und Schmerz im Vordergrund. Aber – salopp formuliert – so einfach ist die Sache nicht, sondern viel komplexer: Von Trauma sind nicht nur Individuen und spezifische Personengruppen betroffen. Wohl bringen der unterstützende Umgang im (schulischen) Alltag und pädagogische Konzepte mit standardisierten Behandlungsplänen Veränderungen in individuellen Situationen hervor. Gesamtheitlich gesehen befördern Ansätze, die auf das Individuum fokussiert bleiben, aber auch die Verleugnung von Verantwortlichkeiten und erlauben den Fortbestand von Machtstrukturen, die im Dienste des eigenen Wohlstands am Trauma der anderen wachsen. Kategoriale Zuschreibungen anhand von Begriffen dienen unter anderem auch dem Missbrauch und der Manifestation von (gesellschaftlichen) Machtverhältnissen, gerade im Bereich von Bildung. In diesem Buch werden die Lesenden daher bestimmte Begriffe vergeblich suchen bzw. diese innerhalb von als kritisch eingeordneten Sekundärzitaten vorfinden. Beispiele dafür sind: Heilung, Selbstwirksamkeit, dys-

1.2 Lesarten dieses Buches

funktional, förderliches/störendes Verhalten, Gleichbehandlung/Gleichheit, Opfer/Betroffenheit. Innerhalb der inklusiven Pädagogik sind viele dieser Begriffe historisch gesehen überholt bzw. durch andere Konzepte ersetzt worden oder in diese übergegangen: So wird die Heilpädagogik immer wieder als Vorläuferin oder als parallel zur Sonderpädagogik sich entwickelnde Disziplin eingeordnet, die viele Symptomatiken und pädagogische Ansätze geprägt bzw. verfestigt hat, die nach wie vor in sonderschulischen Settings, Fördereinrichtungen oder integrativen Bildungskontexten zur Anwendung kommen und auf die Verbesserung eines Zustandes abzielen, da dieser nicht einer Norm entspricht. Mittlerweile werden Perspektiven auf Fähigkeitsideale oder das Funktionieren, auf die Selbstwirksamkeit oder -optimierung und auf erwünschtes Verhalten in der inklusiven Pädagogik aus ableismuskritischer Sicht verhandelt (z. B. Buchner, 2022). Aus inklusiver Perspektive stellt sich damit die Frage, welches Ideal einer fähigen Person bzw. welches Verhalten gesellschaftlich als erwünscht gilt – und wer dieses überhaupt formuliert oder erhofft –, während solche normativen Aspekte in anderen Disziplinen häufig lediglich Teil diagnostischer oder beschreibender Prozesse bleiben. In Zusammenhang mit Trauma wird das relevant, weil eines der gängigen Narrative »auffälliges« Verhalten als mögliches Anzeichen von Trauma verhandelt: ein Kind, das sich plötzlich anders verhält als »normal«. Dieser kausale Zusammenhang wird breit rezipiert, ist aber nicht immer ein eindeutiger Beleg. Umgekehrt kann ein Kind ein Trauma erlebt haben, aber kein auffälliges oder als störend wahrgenommenes Verhalten zeigen. Eine inklusive Perspektive ermöglicht einen unvoreingenommenen Zugang, unterschiedliches Verhalten zu verstehen, und regt zu einer kritischen Haltung gegenüber kausalen Zusammenhängen und Symptomatiken an.

Die Bezeichnung von Einzelpersonen als »Betroffene« oder Opfer wird kritisch diskutiert. Dies verweist auf eines der zentralen Dilemmata innerhalb der Inklusion: Sind Diagnosen bzw. ist die Identifikation von Symptomen mit einem inklusiven Zugang vereinbar? Wird das Individuum durch diese Etikettierung nicht vielmehr vorgeführt bzw. aus dieser ein rezepthafter Umgang abgeleitet? Im Kontext von Trauma dient unter anderem der Begriff des Opfers als oft verwendete Zuschreibung, die es kritisch zu hinterfragen gilt. Dieser wird von vielen Communities gänzlich abgelehnt und durch »Überlebende*r« ersetzt. Die Viktimologie befasst sich mit Prozessen, die mit der Viktimisierung, dem Glauben an das Geschehen und der Inszenierung zu tun haben (Walklate, 2013). Im Vergleich zu einem passiven Anzeigen einer passiven Rolle des Opfers werden so der soziale Raum und die Umgebungsfaktoren relevant gemacht. Strukturelle Aspekte und gesellschaftliches Mitwirken sind zentrale Merkmale der inklusiven Pädagogik. Dynamiken von Begrifflichkeiten und Weiterentwicklungen sowie die Präferenzen von Personen, die eigene Erfahrungen gemacht haben, sind besondere Relevanz zuzuordnen. Um dies nochmals zu betonen: Es geht nicht darum Disziplinen oder Autor*innen, die diese Begriffe verwenden, anzuprangern, sondern darum, zur kritischen Einordnung und Lektüre zu ermuntern!

Im Sinne der pädagogischen Professionalisierung lädt das Buch explizit dazu ein, eigene Unterrichtserfahrungen sowie Erlebnisse von Macht und Ohnmacht im Kontext von Schule und Universität zu reflektieren. Diese kritische Reflexionskompetenz bildet das Fundament für ein theoriegeleitetes erfahrungsbasiertes Lernen, bei dem Wissen und Verständnis durch die direkte Interaktion mit der Welt und die reflexive Verarbeitung der gelebten Erfahrung – unter Rekurs auf Konzepte, Theorien und Modelle – erworben wird. Eines der zentralen Ziele im Ansatz Trauma-informierter Schule ist es, bestehende Macht- und Ohnmachtsstrukturen im Bildungssystem kritisch zu erkennen, zu dekonstruieren und in dieser Reflexion einen inklusiven Rahmen für Schule zu schaffen, welcher unter anderem danach ausgerichtet ist, nicht traumatisierend zu wirken, aber auch über diese Prophylaxe hinausgeht.

Die Autor*innen möchten an dieser Stelle noch darauf hinweisen, dass wir uns bemüht haben diskriminierende, abwertende und problematische Begriffe nicht zu verwenden. Sollte dies dennoch passiert sein, bitten wir um Verständnis dafür vor dem Hintergrund dessen, dass ein sich rapide verändernder, mittlerweile glücklicherweise durch Selbstvertreter*innen mitbestimmter Diskurs sich sehr schnell wandeln kann. Des Weiteren wurde versucht, möglichst wenige Beispiele für traumatische Erfahrungen direkt zu erwähnen, dennoch bitten wir die Lesenden darum, im Falle der Überforderung oder Belastung durch die Inhalte Unterstützungsangebote in Anspruch zu nehmen.

1.2 Lesarten dieses Buches

Aufgaben zur Vertiefung

1. Das Kapitel regt einen Perspektivenwechsel an:
   a) Woran ist das für Sie erkennbar?
   b) Wie kann sich das auf Ihre Rolle als (angehende) Lehrperson auswirken?
2. Welche Begriffe waren in diesem Kapitel neu für Sie? Um diese für die Lektüre der weiteren Kapitel gut einordnen zu können, empfehlen wir das Erstellen eines Glossars oder einer Mindmap.

2 Trauma und pädagogisches Verständnis

Worum es geht …

Kapitel 2 widmet sich der Vermittlung eines Grundverständnisses von Trauma. Es werden gängige Definitionen und deren Genese skizziert. Ein kompaktes Verständnis davon, was unter Trauma verstanden wird und wie bisher pädagogisch damit umgegangen wird, soll mithilfe eines kurzen Überblicks vermittelt werden. Vor allem erläutert das Kapitel aber auch kritische Gesichtspunkte im Hinblick auf die Fokussierung auf bestimmte Disziplinen und Denkweisen, wenn es um Trauma geht (▶ Kap. 2.3). Im Vorgriff auf die weiteren Kapitel werden Leerstellen thematisiert, die sich vor allem im Bereich dekolonialer und inklusiv-pädagogischer Ausrichtung verorten lassen.

2.1 Was ist Trauma?

Begrifflichkeiten wie beispielsweise »Trauma«, »ein Trauma haben« oder »traumatisiert sein« haben im aktuellen Sprachgebrauch, insbesondere in Alltagsdialogen, einen beinahe selbstverständlichen Platz eingenommen und laufen Gefahr inflationär verwendet zu werden. Im Kontext des Begriffs »Trauma« sprechen wir von spezifischen Erfahrungen, die Menschen gemacht haben; Erfahrungen, die immer unsere menschliche Integrität und Würde auf gravierende Weise verletzen (Bogyi, 2011);

2 Trauma und pädagogisches Verständnis

Erfahrungen, in denen wir zeitlich anhaltend seelischem und körperlichem Schmerz, massiven Ängsten und Überforderung ausgeliefert sind. Fachgebiete wie Psychotraumatologie, Psychotherapie und jüngst im Bereich der Pädagogik die Traumapädagogik führen einen weiten Diskurs zu Fragen von Theorieentwicklung, Begrifflichkeit und Praxis. Konzeptionelle Zugänge und Ausrichtung therapeutischer Methoden sind dabei primär in medizinischen Paradigmen verankert. In diesem Kapitel skizzieren wir zunächst einige Punkte aus dem Diskurs zu Definition, Begrifflichkeiten und Konzepten rund um den Traumabegriff, erläutern, wo diese Ansätze zu kurz greifen, und eröffnen eine Perspektive darauf, was Trauma (nicht) ist. Aus einer inklusiven (und damit dekolonialen, machtkritischen und transformatorischen) Perspektive ergibt sich die Notwendigkeit, Trauma – vor allem im Kontext der Schule – holistisch zu denken und nicht auf individuelle Interventionen zu reduzieren.

Die Autor*innen gehen davon aus, dass die Leser*innen bereits einige grundlegende Vorstellungen davon haben, was unter Trauma verstanden werden kann und welche Auswirkungen diese Lebenserfahrungen auf Schüler*innen und Lehrer*innen haben können. Dieses Buch möchte die Leser*innen dabei begleiten, sich mit eigenen Vorstellungen und Sichtweisen zu befassen, diese kritisch zu reflektieren, im Lichte von wissenschaftlichen Erkenntnissen neu zu denken und Platz für eine transformative holistische Perspektive zu schaffen.

Wer ist hier traumatisiert?

Reflexionsübung

1. Nehmen Sie sich einen Moment Zeit.
2. Stellen Sie sich eine stereotypisch traumatisierte Person vor.
3. Notieren Sie einige Punkte zu Ihren Vorstellungen.
4. Reflektieren Sie Ihre Antworten entlang der folgenden Fragen:
   a) Habe ich mir eine weibliche Person vorgestellt?
   b) Habe ich mir eine junge Person vorgestellt?
   c) Habe ich mir eine Person aus einem anderen Land vorgestellt?

d) Habe ich mir vorgestellt, dass diese Person in einer prekären häuslichen Umgebung aufgewachsen ist?
e) Habe ich mir vorgestellt, dass diese Person einen bestimmten Bildungshintergrund hat?

Im Verlauf dieses Buches werden Sie mehr darüber erfahren, welche Vorstellungen von Trauma vorherrschend sind und welche Perspektiven immer wieder aus dem Blick geraten. Trauma ist häufig mit spezifischen Vorstellungen und Bildern verbunden: Reduktionistische Sichtweisen lassen dann zum Beispiel familiäre Gewalt, Flucht oder Kriege als primäre Ursachen gelten und blenden andere Lebenssituationen, die belastende Erfahrungen mit sich bringen, aus. Im Folgenden wollen wir uns ansehen, woher solche Vorstellungen kommen, in Kapitel 3 werden gängige Stereotypen im Zusammenhang mit Trauma näher erörtert (▶ Kap. 3).

Gleich vorweg: In diesem Buch findet sich keine detaillierte Darstellung von Traumakonzepten, sondern vielmehr ein Einblick in gängige Entwicklungstendenzen, die kritisch ausgeleuchtet werden. Wichtiger ist es für den Bildungskontext gut zu verstehen, wie vielfältig die Ursachen und Ausprägungen von Trauma sein können und welche Personengruppen es betreffen kann: Trauma kann jede*n Einzelne*n von uns betreffen und widerfährt ohne unser Verschulden. Diese Sichtweise kann (angehenden) Lehrpersonen dabei helfen, den von uns angezeigten Wandel von einer rein auf das Individuum fokussierten pädagogischen oder therapeutischen Intervention, die mitunter überlebenswichtig ist und von Fachkräften durchgeführt werden sollte, hin zu einem holistischen und systemischen Blick auf das Phänomen Trauma zu vollziehen.

Die wissenschaftliche Diskussion zu Begriff, Konzept und Intervention ist von Unschärfe und Abgrenzungsproblematiken durchsetzt (Neudecker, 2023) und – so könnte man etwas provokant sagen, dadurch in gewisser Weise auch mit und in sich selbst beschäftigt. Vom kritischen Blick auf die eigene Verantwortung, gesellschaftlich gefällige machterhaltende Systeme wie Politik, Bildungs- und Schulstrukturen, Psychiatrie und Gesundheitswesen kann an bestimmten Schnittstellen so auch gut abgelenkt werden.

Die *eine Traumadefinition* gibt es nicht. Vielmehr impliziert eine Erfahrung, die *traumatisierend wirkt*, dass etwas so tief Einschneidendes, Bedrohliches (wie beispielweise ein gewaltsamer Eingriff in die physische Integrität, eine psychische Verletzung etc.) geschieht, dass diese Erfahrungen in einem so hohen Ausmaß angstmachend, schmerzvoll und überfordernd sind, dass sie nur unzureichend verarbeitet werden können. Ein Weiter-Funktionieren, das Überleben bzw. die weitere Entwicklung einer Person ist dann nur unter starker Fokussierung und Aufbringung psychischer Bewältigungs- und Abwehrmechanismen möglich (Hensel, 2020). In diesem Zusammenhang spricht man von *traumatischen Erfahrungen*, die das seelische Sicherheitsgefühl zerstören. Der Erhalt des Alltags bindet dann jegliche Energien und verunmöglicht häufig das Aufbringen von Kraft für andere Aktivitäten und Entwicklungsdimensionen, wie zum Beispiel schulisches Lernen (Plutzar, 2016). Mitunter kann sich aber auch das Gegenteil, wie beispielsweise ein Hyperfokus auf schulische Leistung, ergeben, um das Erleben des Traumas abzulenken (ebd.).

Findet eine Bearbeitung des Erlebten nicht statt (was aus unterschiedlichen Gründen der Fall sein kann), dauert diese zu lange oder bringt sie aktuelle Erfahrungen, schmerzliche Gefühle von bedrohlichen Ereignissen zum neuerlichen Durchleben, können Schrecken und Angst früherer Erfahrungen als unmittelbar gegenwärtig erlebt werden. In »Flucht und Trauma im Kontext Schule. Handbuch für Pädagog*innen« (Siebert & Pollheimer-Pühringer, 2024) wird das wie in der folgenden Abbildung (▶ Abb. 2.1) visualisiert.

Die unterschiedlichen Abschnitte des dargestellten Hauses stehen für unterschiedliche Hirnareale vor (links) bzw. nach (rechts) einer Situation, die ein Trauma auslöst oder zu einer Retraumatisierung führt. Es zeigt sich, dass es zu einem plötzlichen Ausnahmezustand kommt, vieles durcheinandergerät und trotzdem noch immer eine gewisse Art der Ordnung beibehalten wird, damit es möglich ist, weiter zu funktionieren.

2.1 Was ist Trauma?

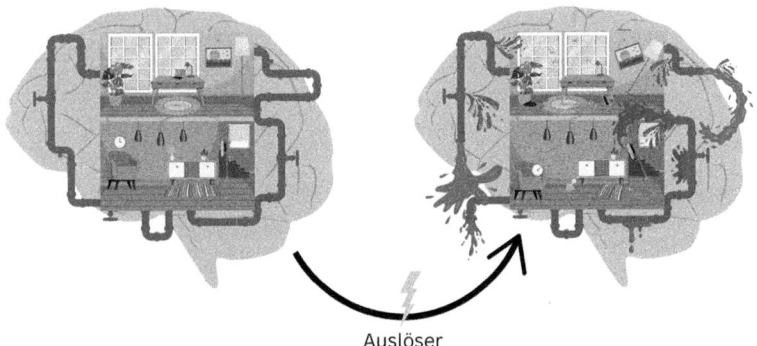

Abb. 2.1: Traumageschehen

Auslöser

Worüber sprechen wir, wenn wir über Trauma sprechen?

Im alltäglichen Sprachgebrauch finden Begrifflichkeiten rund um Trauma uneinheitliche Verwendung, sodass verschiedene Arten von Belastung, damit verbundene Erfahrungen, Reaktionen und Symptome uneindeutig benannt oder miteinander gleichgesetzt werden, obwohl mitunter sehr unterschiedliche Dinge gemeint sind. Dies kann zu diagnostischen Unschärfen führen. Die Entstehung und die Auswirkungen von Trauma können entlang des folgenden Spektrums festgemacht werden:

- traumatische Erfahrung
- traumatisierende Auswirkung
- Trauma
- (Re-)Traumatisierung
- posttraumatische Belastungsstörung

Eine Erfahrung kann dann *traumatisch* werden bzw. sich dann *traumatisierend* auf eine Person auswirken und damit zu einem *Trauma* führen, wenn diese Erfahrung(en) die Fähigkeit einer Person, für ein minimales Gefühl von Sicherheit und integrativer Vollständigkeit zu sorgen, abrupt erschüttert. Ein Trauma geht mit überwältigender Angst und Hilflosigkeit einher (Streeck-Fischer, 2006). Finden sich im Kontext dieser Erfahrung und auch im weiteren Entwicklungsverlauf nur mangelhafte und/oder fehlende unterstützende Faktoren und Beziehungen, kommt es zu dysfunktionalen Regulationen der erfahrenen Angst- und Bedrohungsszenarien, die allein nicht in altersadäquater Weise verarbeitet werden können (Hensel, 2020). Infolge können unter bestimmten Umständen neu erlebte Lebens- und Beziehungssituationen zu weiteren *traumatisierenden bzw. retraumatisierenden* Ereignissen werden. Im Zuge der Verarbeitung dieser schmerzlichen Erfahrungen kann es zu sogenannten Traumafolgestörungen kommen. Eine der bekanntesten wird als *posttraumatische Belastungsstörung (PTBS)* bezeichnet. Landolt und Hensel (2012) weisen darauf hin, dass bei Kindern und Jugendlichen PTBS häufig als einziges Phänomen beschrieben wird, was darauf schließen lässt, dass Störungsbilder, die als Folge traumatisierender Erfahrungen auftreten, mitunter mit dem Trauma gleichgesetzt werden. Menschen, die etwas Traumatisches erlebt haben, weisen im Falle der Manifestation einer PTBS eine Reihe von unterschiedlichen Symptomatiken auf. Darunter fallen beispielsweise Albträume, Flashbacks, also das Wiedererleben von spezifischen Situationen, Schwierigkeiten bei der Konzentration etc. (Maercker & Michael, 2009, S. 16). Wie sich das Erleben nach der traumatischen Erfahrung gestaltet, kann sehr unterschiedlich sein.

Des Weiteren argumentieren Zito und Martin (2016), dass Traumatisierung nicht einfach als direkte Folge eines Traumas zu verstehen ist, was sie als »Ereignisfaktor« bezeichnen. Vielmehr wird der langfristige Einfluss eines traumatischen Ereignisses auf die psychische Gesundheit entscheidend durch das Zusammenspiel von Schutz- und Risikofaktoren geprägt: »Ereignisse finden in einem sozialen und biografischen Zusammenhang statt, der häufig entscheidend ist. Das Zusammenwirken von Ereignis-, Schutz- und Risikofaktoren bedingt, ob Menschen extrem bedrohliche Ereignisse verarbeiten und integrieren können« (ebd., S. 28).

Während die folgenden Abschnitte detaillierter auf den »Trauma-Ereignis«-Faktor eingehen, wird hier das Zusammenspiel von Schutz- und Risikofaktoren näher beleuchtet. Schutzfaktoren umfassen insbesondere »interpersonale« Ressourcen, wie etwa ein unterstützendes soziales Umfeld, das zum Zeitpunkt des traumatischen Ereignisses stärkend und stabilisierend wirkt. Zu den Schutzfaktoren zählen jedoch nicht nur »materielle« Ressourcen, sondern auch die Fähigkeit, traumatische Erlebnisse als sinnhaft in das eigene Leben zu integrieren – eine Fähigkeit, die Antonovsky (1979) als »Kohärenzgefühl« beschreibt.

Zito und Martin verstehen Risikofaktoren als das Fehlen oder nicht ausreichende Vorhandensein dieser Schutzfaktoren. Ein besonders relevanter Risikofaktor ist das junge Alter der Betroffenen:

> »Je jünger ein Mensch ist, desto weniger Fähigkeiten und Ressourcen konnte er entwickeln und ansammeln; je älter ein Mensch, desto mehr Abwehr- und Verteidigungsmechanismen stehen zur Verfügung. Nach dem gleichen Prinzip akkumulieren sich jedoch auch Belastungen, mit den entsprechenden Konsequenzen: Je mehr belastende Erfahrungen ein Mensch gemacht hat, desto weniger kann er möglicherweise weitere Schicksalsschläge verkraften« (Zito & Martin, 2016, S. 29).

Für eine fundierte Einschätzung von Trauma ist es daher unerlässlich, eine personalisierte Bewertung vorzunehmen, die Schutz- und Risikofaktoren sorgfältig gegeneinander abwägt, und eine Essenzialisierung des Traumas zu vermeiden.

2.2 Definitionen – Trauma neu denken

Konzeptionelle Zugänge zum Verstehen von Trauma sind bisher primär in medizinischen Paradigmen verankert. Es findet sich eine Reihe von Begrifflichkeiten und Definitionen zu Trauma, die im deutschsprachigen fachlichen Diskurs mit breiter Akzeptanz zu finden sind. Grundsätzlich werden zur Einschätzung von Störungen im Bereich von Gesundheit in weiten Teilen der Welt zweierlei Klassifikationssysteme herangezogen, nach denen (in länderspezifischen Anpassungen) Krankheiten und Symptome eingeordnet werden: zum einen die sogenannte ICD-10 (WHO, 2004) bzw. ICD-11 (WHO, 2024), die als »Internationale statistische Klassifikation der Krankheiten und verwandter Gesundheitsprobleme« (International Statistical Classification of Diseases and Related Health Problems) die medizinische Klassifikationsliste der Weltgesundheitsorganisation (WHO) darstellt; zum anderen das Klassifikationssystem psychischer Störungen, der American Psychiatric Association, (APA) das als »Diagnostic and Statistical Manual of Mental Disorders« aktuell in der fünften Auflage (DSM-5) vorliegt und als Standardwerk zur Diagnose von psychischen Erkrankungen gilt (APA, 2013; Falkai et al., 2020).

Ein kurzer Blick in diese Manuale zeigt, dass auch in diesen Klassifizierungssystemen Fragen zur Kategorisierung, Zuordnung, Einordnung, Festlegung und Begrifflichkeit im Kontext von Trauma die internationale Forschung seit vielen Jahren beschäftigen, kontinuierlich Veränderungen vorgenommen werden, aber auch Anlass zur kritischen Auseinandersetzung besteht.

Wir wollen im Folgenden mit ein paar Anmerkungen die Kategorisierung von Trauma in diesen Klassifikationssystemen kurz skizzieren (wohl wissend, dass wir weiteren Ausführungen dazu in diesem Band leider keinen Platz geben können). Anschließend erwähnen wir eine kleine Auswahl jener Definitionen des Begriffs Trauma, die im Laufe der letzten Jahre in Fachpublikationen der Psychotraumatologie, Psychotherapie und Psychiatrie sowohl im klinischen als auch im Forschungskontext genannt wurden und breite Anerkennung gefunden haben.

Definitionen aus den Klassifikationsmanualen ICD und DSM

- Im Rahmen der ICD-10 (WHO, 2004) wird Trauma als »kurz- oder lang anhaltendes Ereignis oder Geschehen von außergewöhnlicher Bedrohung mit katastrophalem Ausmaß, das nahezu bei jedem tiefgreifende Verzweiflung auslösen würde« (WHO, 2004; Graubner, 2013). In der Anfang 2022 von der WHO herausgegeben, aktualisierte Version, finden sich einige Adaptierungen im Kontext von Trauma. Als eine wesentliche Neuerung zeigt sich unter anderem die Einführung einer zusätzlichen Kategorie für trauma- und belastungsbezogene Diagnosen und der Aufnahme spezifischer Formen der Bindungsstörung als Diagnosen des Kindesalters in diese Störungsgruppe (WHO, 2024; Maercker & Eberle, 2022).

2.2 Definitionen – Trauma neu denken

- In dem von der APA herausgegebenen aktuellen Manual DSM-5 finden sich unter Einbeziehung verschiedener Symptome insbesondere Angaben zu Posttraumatischen Belastungsstörungen, in deren Kontext unterschiedliche »posttraumatische Stress-Symptome« beschrieben werden, wie beispielsweise Intrusion oder Wiedererleben des traumatischen Ereignisses, Vermeidungssymptome, negative Veränderungen der mit dem Trauma assoziierten Kognitionen und Affekte und eine erhöhte Erregbarkeit (APA, 2013; Reddemann & Wöller, 2019).

Kritische Anmerkungen und Betrachtungen können (und müssen) zu diesen Klassifikationssystemen wohl in vielerlei Hinsicht gemacht werden. In Hinblick auf die Klassifikation von Traumafolgestörungen soll an dieser Stelle zumindest ein Aspekt hervorgehoben werden. Die formulierten Zuschreibungen des DSM-5 klammern soziale, gesellschaftliche und politische Faktoren traumatogener Erfahrungen aus. Posttraumatische Belastungsphänomene werden als individuelle Schwierigkeit gesehen und nicht als soziales Geschehen im gesamtgesellschaftlichen Kontext verstanden. Schon die Gleichsetzung einer sozialen Traumatisierung mit einer Erkrankung leistet einer partiellen Ausklammerung Vorschub (Hamburger, 2016).

Definitionen im Kontext der Psychotraumatologie

- Fischer und Riedesser bezeichnen ein psychisches Trauma als »ein vitales Diskrepanzerlebnis zwischen bedrohlichen Situationsfaktoren und den individuellen Bewältigungsmöglichkeiten, das mit Gefühlen von Hilflosigkeit und schutzloser Preisgabe einhergeht und so eine dauerhafte Erschütterung des Selbst- und Weltverständnisses bewirkt« (Fischer & Riedesser, 2009, S. 185; vgl. Purtscher, 2006).
- Streeck-Fischer versteht unter einem »psychischen Trauma« ein Ereignis, bei dem die Fähigkeit einer Person, ein minimales Gefühl von Sicherheit und Integration zu entwickeln, zerstört wird oder verloren geht und das überwältigende Angst und Hilflosigkeit zur Folge hat. Traumatische Belastungen in der Entwicklung treffen die Person in ihrer Ganzheit und schlagen sich im biologischen, sensomotorischen und affektiv-kognitiven Bereich nieder. Es kommt zu spezifischen

persistierenden biologisch verankerten Reaktionen, die sich sowohl körperlich als auch im Handeln zeigen und die weitere Entwicklung bestimmen und beeinträchtigen (Streeck-Fischer, 2006).

Neben ausgewählten Definitionen werden auch *Ausprägungen und besondere Formen der Weiterführung von Trauma* beschrieben. Diese ordnen Ausprägungen von traumatischen Erfahrungen aufgrund der Dauer des Auftretens und der Komplexität zusammen.

Ausprägungen und Typen von Trauma

Sequenzielle Traumatisierung
Dieses Konzept wurde von Hans Keilson nach dem Zweiten Weltkrieg mit dem Begriff »traumatische Sequenz« eingeführt, um eine Einteilung und Abgrenzung der verschiedenen Phasen von Traumatisierung vornehmen zu können. Ausgangspunkt waren »extreme Belastungssituation durch Krieg«, die aus einer steten Folge massiver, einander verstärkender weiterer traumatischer Situationen bestand, und auch nach dem Krieg, also nach Beendigung der Verfolgung selbst, weiterging. Dabei unterscheidet Keilson folgende *drei traumatische Sequenzen* (Keilson, 2005, S. 427):

1. eine Sequenz der Zwangsisolierung gepaart mit Angriffen auf die soziale und psychische Integrität der Familien
2. die abrupte erzwungene Auflösung der eigenen vertrauten Umgebung (ebd., S. 57): Die Erfahrung der direkten Verfolgung und Deportation von Eltern und Kindern sowie die Situation von Flucht und Krieg bringen in dieser zweiten Phase neben direkter Lebensbedrohung, Rechtlosigkeit und Ausgeliefertsein an eine feindliche Umgebung auch andauernde Entbehrung, Hunger und Krankheit mit sich. Das plötzliche Abbrechen und Aufhören jeglicher geregelter Spiel-, Lern- und Bildungsmöglichkeit sieht Keilson dabei als »die kindliche Entwicklung besonders belastendes Moment« (ebd.).
3. die Nachkriegsperiode als zentrales Thema weiterer Traumatisierung (ebd., S. 58, 427): »Die Welt, in die die Kinder zurückkehren, ist

eine völlig veränderte«. Ganz zentral wird im Zusammenhang damit deutlich, dass das Trauma nicht mit der Befreiung endet, sondern nur in eine neue Sequenz übergeht. Das Zurechtfinden in einer vom Krieg zerrütteten Umgebung führt zu weiteren Herausforderungen.

Transgenerationale Erfahrungen von Trauma
Forschungsbemühungen, die zu transgenerationalen Erfahrungen von Trauma arbeiten, beschäftigen sich mit einem Phänomen, bei dem davon ausgegangen wird, dass eine in einer Vorgeneration erlebte, nicht (vollständig) verarbeitete Traumaerfahrung in einer Nachfolgegeneration in Form von psychischen Belastungen wirksam wird. Diese Belastungen können zur posttraumatischen Belastungsstörung in der Folgegeneration führen. In einschlägigen Fachpublikationen haben sich die Begriffe *Weitergabe* bzw. *Transmission* zur Beschreibung des generationenübergreifenden Mechanismus durchgesetzt (Kellermann, 2011). Synonym werden Begriffe wie *transgenerationell* (Kühner, 2008), *transgenerativ* (Leuzinger-Bohleber, 2017) sowie *intergenerational* verwendet.

Kollektive Traumata
Besondere Berücksichtigung in Forschung und Literatur zu transgenerationalen Traumatisierungen haben kollektiv traumatisierende Ereignisse gefunden. Für solche massenhaften Traumaerfahrungen von Menschen, die sich aufgrund gemeinsamer Zugehörigkeiten – etwa zu einer Religion, einer ethnischen Gruppe oder einer Nation – unter Umständen als Kollektiv verstehen lassen, wird auch der Begriff des *kollektiven Traumas* gebraucht. Je nachdem, nach welchen Kriterien ein Kollektiv konstruiert wird, ist in diesem Zusammenhang mit synonymer oder zumindest überschneidender Bedeutung von *historischem, nationalem, kulturellem, sozialem* oder *gesellschaftlichem Trauma* die Rede (Kühner, 2008). Dies alles macht deutlich, dass es eine breite terminologische Diversität im Zusammenhang mit der Thematik gibt (Glaesmer et al., 2011).

Leonore Terr (1991) formulierte eine Typologie von Traumata, die von Andreas Maercker (2013) weitergedacht und schematisch zusammengestellt wurde. Er entwickelte in diesem Zusammenhang eine Einteilung traumatischer Ereignisse und der Risikograde für die Ausbildung posttraumatischer Belastungsstörungen (Maercker, 2013, S. 16). In der Darstellung wird auf Terrs Unterscheidung zwischen Traumatyp I (einmalig und kurzfristig) und Typ II (mehrfach und langfristig) zurückgegriffen. Diese Konzeption wird dahingehend ausgeweitet, dass zwischen akzidentellen und interpersonellen Aspekten unterschieden wird. Ein akzidentelles Trauma des Typs I wäre demnach zum Beispiel ein gravierender Autounfall oder Traumata, die sich aufgrund einer Berufstätigkeit, z. B. bei Rettungskräften, ergeben. Interpersonelle (vom Menschen verursachte) Traumata des Typs II umfassen dahingegen beispielsweise lang anhaltende Missbrauchserfahrungen, Verwahrlosung, politisch bedingte Inhaftierung oder Folter.

Es gilt zu beachten, dass es sich hier um keine genormten kausalen Zusammenhänge handelt, nicht jede Person trifft eine Ursache in gleicher Weise.

Im Zusammenhang mit Überlegungen zur Thematik von Trauma werden häufig auch andere Begriffe assoziiert, die entweder nur entfernt, sehr spezifisch oder gar nichts mit dem Thema zu tun haben. Einige zentrale Konzepte und ihre Beziehung zum Komplex Trauma werden nachfolgend erläutert:

Mit Trauma assoziierte Konzepte

Dem Konzept *Resilienz* fehlt es, wie Kühn (2017) anmerkt, noch immer an einer geeigneten Definition. Es umschreibt die Widerstandskraft bzw. vielmehr die Bewältigungskompetenz einer Person. Diese setzt sich aus einer Reihe von Aspekten zusammen, die die Balance einer Person aus dem Gleichgewicht bringen können, wobei Stressfaktoren eine wichtige Rolle spielen. Diese setzen sich unter anderem aus umgebenden Faktoren, die die Entwicklung beeinflussen können, zusammen und stehen einer Reihe von Aspekten gegenüber, die förderlich sein können, wie zum Beispiel ein gutes familiäres Umfeld. Ein

Überhang aus Stressfaktoren kann dazu führen, dass eine Person *vulnerabel* wird. Das bedeutet, dass sie verletzlicher bzw. anfälliger für die Wahrscheinlichkeit wird, nicht gut mit Herausforderungen oder schlechten Erfahrungen umgehen zu können. Unter anderem kann es bei einer Person mit hoch ausgeprägter Vulnerabilität auch eher zu einer Traumatisierung kommen.

Trigger werden als Auslöser von potenziell retraumatisch wirkenden Aspekten im Erleben verstanden (siehe Box »Retraumatisierung« in ▶ Kap. 3.1). So wird im Vorfeld von Social-Media-Posts, Podcasts oder Filmen immer wieder in Form von Triggerwarnungen auf besonders brutale oder in anderer Form problematische Inhalte verwiesen. Im Zusammenhang mit der Gestaltung von Unterricht wird dazu angeraten, spezifische Inhalte zu vermeiden (beispielsweise Sirenen, die eine Kriegshandlung ankündigen und zur Flucht in einen Schutzraum aufrufen). Trigger können potenziell traumatische Erfahrungen in Erinnerung rufen.

Bei *adverse childhood experiences (ACEs)* handelt es sich um massiv einschneidende Kindheitserfahrungen, die potenziell traumatisierend wirken bzw. sogar zum Tod führen können. Das Konzept wurde in den späten 1990er Jahren erstmals verwendet, um eine Reihe von Risikofaktoren zu beschreiben, die Kinder und junge Menschen betreffen und nachhaltig beeinflussen können (Boullier & Blair, 2018). ACEs werden in Publikationen zu der Studie in drei Gruppen unterteilt: Missbrauch, Vernachlässigung und familiäre Dysfunktion. Innerhalb dieser lassen sich zehn Aspekte zusammenfassen, die nachstehend visualisiert sind (▶ Tab. 2.1): Neben körperlichem, emotionalem und sexuellem Missbrauch sind physische und emotionale Vernachlässigung Erfahrungen, die auch noch im Erwachsenenalter Nachwirkungen haben können. Zusätzlich können sich Probleme in der häuslichen Umgebung auf das psychische Wohlbefinden auswirken und etwa in Form von Gewalt an Verwandten, Scheidungserfahrungen, eingesperrten Verwandten bzw. Drogenmissbrauch Einfluss nehmen. Kommt es zu einer der aufgelisteten Erfahrungen, können sich daraus sowohl körperliche als auch physische Auswirkungen ergeben.

2 Trauma und pädagogisches Verständnis

Als Letztes sei hier noch kurz auf *Mobbing und Bullying* eingegangen; ein Thema, das im schulischen Kontext immer mehr Aufmerksamkeit erhält (Olweus, 2009). Ein laufender und systematisch angelegter und anhaltender Missbrauch, der im Regelfall auch durch ein Machtgefälle gekennzeichnet ist, wird als Mobbing bezeichnet. Aus den physischen oder psychischen Übergriffen (z. B. »Gaslighting«, »Microaggressions«) kann sich eine Reihe von problematischen Folgen ergeben. Ob sich eine solche Erfahrung traumatisch auswirkt, kommt auf die spezifischen Umstände an.

Tab. 2.1: Übersicht über ACEs

Missbrauch	Vernachlässigung	Haushaltsdysfunktion	
physisch	physisch	psychische Krankheit	inhaftierte Angehörige
emotional	emotional	häusliche Gewalt	Drogenmissbrauch
sexuell		Scheidung	

Im bestehenden Diskurs zum Begriff Trauma finden sich auch Autor*innen, die in ihren Publikationen auf kritische Aspekte in den vorliegenden Begriffs- und Konzeptdebatten hinweisen. Drei Problemlagen sollen hier dazu kurz skizziert werden: erstens ein Mangel an Klarheit darüber, was unter dem Begriff Trauma verstanden und subsumiert werden soll. Dies generiert in klinischer Praxis und Forschungsdesideraten verwirrende Uneinheitlichkeit, da unterschiedliche Definitionen

2.2 Definitionen – Trauma neu denken

verwendet werden bzw. gelegentlich gänzlich auf eine Definition verzichtet wird (Lellau, 2005). Zweitens findet partiell eine gewisse Gleichmacherei rund um Begriffe »Trauma« und »traumatisches Ereignis« statt (ebd.). Fischer und Riedesser (2023) merken an, dass das Verständnis von Trauma als ein Ereignis nicht zu der ursprünglichen Bedeutung des Wortes (griechisch: Wunde, Verletzung) passt. Diese Problematik von Unschärfe und Abgrenzungen verweist auf einen dritten Punkt, nämlich eine bestehende fachliche Unklarheit darüber, was als belastendes Ereignis, das eventuell zur Krise oder krisenhaften Situationen führt, bezeichnet werden kann und was als »traumatisches Ereignis« gilt. So kommt es zur inflationären Verwendung des Begriffs, was dazu verleitet, den Begriff Trauma auf Schwierigkeiten unterschiedlichster Art anzuwenden (Nijenhuis, 2018; Quindeau, 2019). Rezent findet sich auch ein neuer Ansatz, der gängige eurozentristische Perspektiven infrage stellt, also meist strikt orientierte kategoriale und disziplinär getrennte Perspektiven, die im Globalen Norden bzw. von im Globalen Norden sozialisierten Wissenschaftler*innen und Akteur*innen entwickelt und geprägt wurden. Die Frage danach, wer von Traumatisierung in welcher Form betroffen ist bzw. welche Auswirkungen das auch auf andere Beteiligte haben kann, soll demnach hinterfragt bzw. neu eingeordnet werden. Überlegungen einer gedanklichen Weiterführung finden sich in der folgenden Abbildung (▶ Abb 2.2).

Definitionen von Trauma und damit einhergehende Konzepte sind im Regelfall »westlich« bzw. »eurozentristisch« geprägt. Eine kritische Auseinandersetzung mit diesem Umstand begann zwar bereits in den 1960er Jahren, kann aber als laufend bzw. vielmehr nicht abgeschlossen betrachtet werden. Vom Globalen Norden geprägte und von im Globalen Norden sozialisierten Wissenschaftler*innen verschriftlichte und kommunizierte Konzepte bleiben vor allem im deutschsprachigen Raum vorherrschend und werden erst rezent hinterfragt.

Egal, wo auf der Welt Trauma thematisiert wird, bleiben die hier beschriebenen und verwandte Konzepte besonders relevant für die Behandlung der Folgen von Trauma. Erst zaghaft finden Studien zu lokalisierten oder beispielsweise indigen-informierten kritischen Ansätzen Einzug in den wissenschaftlichen Diskurs. Alternative Zugänge, neues

2 Trauma und pädagogisches Verständnis

Trauma aus multidisziplinärer Perspektive

klassifikationsgeleitete Ansätze

medizinisches Paradigma

Abb. 2.2: Herausbildung eines neuen Verständnisses von Trauma

Wissen und andere Perspektiven würden unzweifelhaft den Blick erweitern und es damit ermöglichen, Personen effektiver zu unterstützen. Liasidou (2022) kritisiert, dass die festgefahrenen eurozentrischen Perspektiven auf das Phänomen von den unvorstellbaren Gräueltaten, die die Kolonialgeschichte mit sich gebracht hat, ablenken. Traumata, die sich also durch die Kolonialgeschichte ergeben haben, werden durch einen eurozentrisch dominierten Ideenkanon verdeckt und relativiert. Zembylas (2020) reiht sich in diese dekoloniale Kritik ein, indem er darauf verweist, dass trotz oder gerade aufgrund der Vielzahl an Definitionen offenbleibt, ob eine traumatische Erfahrung, für die es viele unterschiedliche Erklärungsmuster gibt, eigentlich nur von Psycholog*innen und Mediziner*innen behandelt werden dürfte. Damit einher geht auch die Idee, dass nur bestimmte Gruppen von Trauma betroffen sein können, hierbei vor allem Personen mit Fluchthintergrund. Bei den medizinischen Fachpersonen liege die Entscheidung, was als Trauma gilt und was nicht. Daher plädiert der Autor dafür, im Kontext von Schule und Bildung die Begrifflichkeit »difficult experiences« (komplexes Erleben bzw. Erfahrungen mit komplizierten Situationen) zu verwenden. Dieses Erleben würden Schüler*innen in all ihrer Komplexität in den schulischen Raum mitbringen, wobei sie aber wenig Berücksichtigung erfahren bzw. auf wenig Verständnis stoßen: »As it is suggested, difficult experiences of

2.2 Definitionen – Trauma neu denken

trauma play a crucial and too little understood role in students' and teachers' lives in schools« (Zembylas, 2020).

Trauma bleibt sehr häufig kein einzelnes, klar abgegrenztes Phänomen, sondern kann mit anderen herausfordernden Lebensumständen einhergehen und ist häufig komplex verwoben mit jeweils lokalisierten Kontexten. Liasidou beschreibt in Zusammenhang damit, wie sich unterschiedliche, sich überschneidende oder intersektionale Aspekte aus der kolonialen Unterdrückung ergeben:

»Trauma is at the epicenter of intersectional oppression stemming from and imbricated in conditions of colonial structures of power that conceal and legitimize social inequalities, extreme poverty, malnutrition, violence, substandard childcare, racism and other ›cultural‹ traumas« (Liasidou, 2022a, S. 279).

Daraus ergeben sich Herausforderungen für das Lernen und es werden weitere Ungleichheiten hervorgebracht. Dies bedeutet allerdings nicht, dass spezifische Gruppen oder Menschen von sich aus besonders anfällig für Trauma sind, sondern dass prekäre Lebenssituationen ein potenzielles Einfallstor für Übergriffe und Machtmissbrauch darstellen. Dabei spielen beispielsweise intersektionale, also sich überlagernde und gegenseitig beeinflussende Faktoren eine wichtige Rolle. Wenig untersucht ist etwa das Wechselspiel von Behinderung und Trauma. Beide können unabhängig voneinander auftreten, beide können sich theoretisch bedingen. Beide können in pädagogischen Situationen zu Hürden führen. Meist werden die Aspekte allerdings isoliert voneinander betrachtet (Sinason, 1992; 2002).

Das Phänomen Trauma bleibt also wenig oder nur einseitig verstanden. Der vordergründig auf das Individuum gerichtete Blick verstellt mitunter die Perspektive auf die Gesamtgruppe. Dazu erläutern Jäckle, Wuttig und Fuchs Folgendes:

»Trauma ist somit keine Angelegenheit ausschließlich der Disziplinen, die sich auf ein entitäres Innenleben des Subjekts sowie auf biologische ›Tatsachen‹ zentrieren, die also ein dichotomes Innen-Außen-Verhältnis setzen. Trauma ist ein Phänomen, welches überdeutlich basale erziehungswissenschaftliche Reflexionsfiguren zu problematisieren imstande ist, von denen Erziehungs- und Bildungsprozesse ausgehen: So ist das Subjekt stets eingeflochten in eine Vorgängigkeit der Sozialität. In der Angewiesenheit auf den Anderen existiert der

Einzelne in Relationalität und ist stets situiert in spezifischen, machtvollen Verhältnissen« (Jäckle, Wuttig & Fuchs, 2017, S. 11).

Die Autor*innen sprechen hier das Phänomen an, dass mit dem Erleben von Trauma auch immer eine soziale Dynamik einhergeht, die mitunter wenig Berücksichtigung erfährt, allerdings die Gefahr birgt schlechte Erfahrungen noch zu verstärken bzw. zu verfestigen, wenn diese in einem Kontext erfolgen, der von einem Machtungleichgewicht geprägt ist, in dem es entweder zu Unterdrückung oder Missachtung der eigenen Erfahrungswelt kommt. Nimmt das Gegenüber die Erfahrungswelt also nicht ernst oder stellt es eine traumatische Erfahrung sogar infrage, kann das negative Folgen für die Person mit einer traumatischen Erfahrung haben. Daraus ergibt sich also die Notwendigkeit, sich einer holistischen Perspektive anzunähern, die auch andere Akteur*innen in die Verantwortung nimmt bzw. ihre Perspektiven involviert – ein Aspekt, dem sich die inklusive Pädagogik schon lange widmet.

2.3 Trauma pädagogisch weiterdenken

Im pädagogischen Alltag sind Einzelintervention und Unterstützungsmaßnahmen im Kontext von Trauma meist an traditionellen medizinischen bzw. psychologischen Konzepten ausgerichtet. Dies kann in Form von Traumatherapie oder Traumapädagogik erfolgen.

Traumatherapie: Landolt und Hensel (2012) berichten davon, dass Kindern und Jugendlichen in der Psychotraumatologie, also im psychiatrischen Fachbereich, der sich Trauma widmet, lange Zeit nur wenig Aufmerksamkeit geschenkt wurde. Der Fokus lag auf der Arbeit mit Erwachsenen mit Kriegserfahrungen, Veteranen und anderen Traumaerfahrungen im Erwachsenenalter. Mittlerweile hat die klinische Erfahrung und Forschungstätigkeit Kinder und Jugendliche in den Blick genommen; zahlreiche Konzepte zu traumatherapeutischer Arbeit und Intervention bei Kindern und Jugendlichen sind etabliert (Gahleitner, 2020).

2.3 Trauma pädagogisch weiterdenken

In unterschiedlichen traumatherapeutischen Settings werden Kinder, Jugendliche und, wenn möglich, auch deren Eltern dabei begleitet, die erfahrenen traumatisierenden Belastungen zu bearbeiten und ein Mindestmaß an innerer Sicherheit im Lebensalltag in ersten Schritten wiederzuerlangen. Der therapeutische Arbeitsprozess gliedert sich grundsätzlich in den dreiphasigen Ablauf von *Stabilisierung, Traumabearbeitung und Integration* und findet in Anpassung an die individuelle Lebenssituation statt (Grabe & Mahler, 2012).

In ähnlicher Weise setzen *traumapädagogische Ansätze* – in der Regel – auf der Ebene des einzelnen Individuums an und können kurzfristig Stabilisierung bedingen. Die Traumapädagogik hat sich aus Bemühungen herausgebildet, die Thematisierung von Gewalt gegen Kinder und Jugendliche zu enttabuisieren, die im deutschsprachigen Raum in den 1980er Jahren zu verorten sind.

»Der Blickwinkel auf alle Formen von Gewalt gegen Kinder erweiterte sich und damit stieg das Interesse an den Auswirkungen verschiedener traumatischer Erfahrungen auf die Entwicklung der Mädchen und Jungen und an den Möglichkeiten einer pädagogischen Begleitung. [...] Die Erkenntnisse der Psychotraumatologie boten eine Folie, um pädagogische Konzepte auf ihre Wirksamkeit zur Unterstützung der lebensgeschichtlich belasteten Mädchen und Jungen zu überprüfen. Traumapädagogik ist keine Therapie- und Traumaexposition im klassischen therapeutischen Rahmen. Sie wurde notwendig als Unterstützung traumatisierter Mädchen und Jungen im pädagogischen Alltag. 2002 schlug sich diese Entwicklung in Büchern, Konzepten und der Institutionalisierung nieder« (Weiß, 2017, S. 367).

Im Anschluss daran verortet Kühn (2008) in der Traumapädagogik eine transdisziplinäre Verquickung, die Erkenntnisse aus unterschiedlichen Feldern (z. B. Psychotraumatologie) in pädagogischen, psychotherapeutischen und psychiatrischen Kontexten wirksam macht. Auch der Einsatz von Traumapädagogik bleibt nicht auf einen, zum Beispiel den schulischen Kontext, reduziert. Zimmermann fasst die Traumapädagogik als auf anderen Disziplinen beruhend auf, betont aber, dass »[d]ie wichtigste pädagogische Innovation [...] in einer veränderten *Haltung* gegenüber sehr schwer belasteten Kindern und Jugendlichen« gelegen habe (Zimmermann, 2017, S. 57; Hervorh. i. O.). Damit hebt er – neben anderen Aspekten – die Frage nach der Art und Weise der Beziehung zwischen

Erwachsenen und Kindern bzw. Jugendlichen hervor. Differenzierte Bedarfe von Schüler*innen gelangten in den Fokus der pädagogischen Arbeit.

Der Ursprung der Disziplin ist in praktischen Bedarfen der Kinder- und Jugendwohlfahrt zu finden und ist auf die Etablierung einer *Pädagogik des sicheren Ortes* ausgerichtet (Kühn, 2008). Zimmerman (2017, S. 58) bezeichnet diesen als *(äußeren) sicheren Ort*, der sich vor allem durch sichere Beziehungen auszeichnet.

Das vorliegende Handbuch möchte über den – im Bedarfsfall unhinterfragbar notwendigen, aber im Gesamtkomplex Schule oft nicht ausreichenden – individuellen Interaktionscharakter, der im pädagogischen Umgang mit Trauma vorherrscht, hinausdenken. Zentral sind dabei zusammenfassend auf einzelne Phänomene reduzierte Perspektiven, die entweder nur eurozentrisch und damit nicht global bzw. transkulturell oder essenzialistisch bzw. einseitig und damit nicht inklusiv gedacht sind.

Inklusive Pädagogik hat es zum Ziel, allen Personen eine geeignete Lern- und Entwicklungsperspektive anzubieten (Biewer, Proyer & Kremsner, 2019). Dabei spielt es keine Rolle, ob eine Person eine Behinderung hat, alt oder jung ist, welche sexuelle Orientierung sie hat oder woran sie glaubt etc. Eine inklusive Lernumgebung, also zum Beispiel eine inklusive Schule, zeichnet sich durch anti-diskriminierende, anti-rassistische, anti-sexistische, antiableistische und antilookistische Ansätze aus. Generell sind diese inklusiven Standorte durch eine kritisch-reflektierte Haltung bei Pädagog*innen, Lehrpersonen und anderen Akteur*innen gekennzeichnet. Die didaktische Ausrichtung ist im Regelfall kindzentriert, kreativ, kooperativ und flexibel, sodass auf individuelle Bedürfnisse eingegangen werden kann.

Da Trauma jede*n betreffen kann, ergibt sich auch ein Verständnis für die Notwendigkeit, alle Personen in geeigneter Art und Weise vollumfänglich zu begleiten und zu unterstützen. Eine an Inklusion orientierte Schule ist demgegenüber eine, die in jedem Fall auch darauf achtet, keine Traumatisierung oder Retraumatisierung zu bedingen. Die Ressourcen, Verantwortlichkeiten und Möglichkeiten, die der Institution Schule als Begleitung in der Entwicklung von Kindern und Jugendlichen zukommen, können nur in eingeschränktem Maße ausgeschöpft werden, wenn keine Klarheit und Bereitschaft zum Umgang mit Trauma besteht. Se-

2.3 Trauma pädagogisch weiterdenken

gregationsphänomene, Exklusion und Marginalisierung im schulischen Alltag drohen Belastung, Angst und Retraumatisierung zu (re)produzieren, wo Verstehen, Inklusion, Respekt, Achtung und Halt gebraucht werden. Wie ein solcher Ansatz in der Schule genau aussieht, sich entwickelt hat (▶ Kap. 3) und umgesetzt werden kann (▶ Kap. 4; ▶ Kap. 5), wird im Verlauf dieses Buches erläutert und vertieft.

Aufgaben zur Vertiefung

1. Wie würden Sie zentrale Unterschiede zwischen einem medizinischen und einem pädagogischen Blick auf Trauma zusammenfassen?
2. Überlegen Sie, wie ein dekolonial geprägter Traumabegriff sich von klassischen Vorstellungen von Trauma unterscheidet. Fassen Sie zentrale Kritikpunkte zusammen und überlegen Sie, wie eine kritische Definition aussehen könnte, die inklusive (und damit machtkritische, dekoloniale und transformative) Aspekte zusammenführt.

3 Trauma-informierte pädagogische Ansätze

Worum es geht ...

In diesem Kapitel wird das Thema Trauma in Bezug auf Lern- und Lehrkontext dargestellt. Darüber hinaus gibt das Kapitel einen Überblick über Konzepte wie Trauma-Ignoranz, Trauma-Fixierung, sekundäre Traumatisierung, Retraumatisierung und trauma-informed care. Trauma-Informierheit im pädagogischen Kontext sowie Merkmale und Grundsätze von Trauma-Informierheit sind Hauptthemen des Kapitels. Dabei wird ein besonderer Fokus auf Phasen der Trauma-Informiertheit gelegt. Das Kapitel schließt mit einem Überblick zur Trauma-Informiertheit als Baustein inklusiver Schule und als eine Brille gegen Etikettierung.

3.1 Von Trauma-Bewusstheit zu Trauma-Informiertheit

Nachdem im vorherigen Kapitel verschiedene Konzeptionen von Trauma skizziert wurden, widmet sich dieses Kapitel dem Thema Trauma im Kontext von Lernen und Lehren. Ein zentraler Gedanke aus Kapitel 2 ist, dass die Erfahrung von Trauma allgegenwärtig und nicht auf bestimmte soziale Schichten beschränkt ist (Benjet et al., 2016).

Außerdem lässt sich sagen, dass in Systemen mit inhärentem Machtungleichgewicht, wie zum Beispiel Schulen, auch ein hohes Potenzial für Trauma besteht. Schließlich ist ein wesentliches Merkmal von Trauma die Erfahrung von Machtlosigkeit oder Ohnmacht (Wang et al., 2023). Mit einer systemkritischen und dekonstruktiven Perspektive lässt sich die Entstehung, Verbreitung und Verstärkung von Trauma in Kontexten asymmetrischer Verhältnisse besser verstehen. Diese ungleiche Machtverteilung betrifft auch Lern- und Lehrräume, insbesondere die Institution Schule. Ein weitverbreitetes Missverständnis ist die Annahme, dass Schulen neutrale und per se faire Orte seien. Dieses Narrativ geht oft mit der Überzeugung einher, dass schulischer Erfolg und Misserfolg allein von individuellen kognitiven Potenzialen und der Leistungsbereitschaft abhängen. Dadurch wird Bildungserfolg zur Verantwortung des Einzelnen erklärt und systemische Bildungsungleichheiten und Bildungsungerechtigkeiten werden ausgeblendet.

3.1.1 Zwischen Trauma-Fixierung und Trauma-Ignoranz

Ein gravierendes Misskonzept zu Trauma und Traumatisierung ist die Annahme, dass Trauma sich greif- und messbar in disruptivem Verhalten artikuliert. Doch was und wer genau als disruptiv und störend wahrgenommen wird, hängt in erster Linie vom System Schule, aber auch von den darin agierenden Akteur*innen wie zum Beispiel Lehrpersonen und Schüler*innen ab. Wird dieses System, beispielsweise der Unterricht, gestört, ist »traumatisiert« eine der naheliegenden Erklärungen für das Verhalten der betroffenen Schüler*innen.

Mit dieser Trauma-Fixierung und der gleichzeitigen Limitierung auf Störverhalten von Schüler*innen gehen gleich zwei Fehlschlüsse einher. Einerseits vergisst man dabei, dass Trauma sich auch, wenn nicht sogar häufig, in einer Überangepasstheit zeigt. Solange Lernende angepasst sind und den sozialen Erwartungen entsprechen, spielt eine mögliche Traumatisierung selten eine Rolle und wird nicht beachtet – ein Fall von Trauma-Ignoranz. Andererseits wird das Verhalten von Schüler*innen, das im weitesten Sinne als herausfordernd wahrgenommen wird, auf ein mögliches Trauma reduziert. Dies ist in der Hinsicht einfach, dass sich das System Schule dann nicht der Frage stellen muss, ob das Verhalten durch systemische Mängel ausgelöst wurde oder gar auf solche Mängel hinweisen will. Somit sind Trauma-Fixierung und Trauma-Ignoranz zwei Seiten derselben Medaille: Bei der Trauma-Fixierung wird auflehnendes Verhalten nicht als Kritik am System verstanden, sondern auf ein mögliches Trauma reduziert; bei der Trauma-Ignoranz hingegen wird bewusst weggeschaut, wenn es um das Leid und Trauma von Schüler*innen und Lehrenden geht.

Interessant ist ein Fallbeispiel aus dem Leitfaden »Traumabewältigung in der Schule«. Der Fall des elfjährigen Lukas ist dabei besonders aufschlussreich, da die Schlussfolgerungen dieses diagnostisch-therapeutischen Prozesses und deren Konsequenzen für weitere Überlegungen von Bedeutung sind.

Fallbeispiel

Hinterkörner-Wittinghofer (2023, S. 20) arbeitet in ihrer Publikation mit dem Fall des elfjährigen Lukas, dessen Verhalten schon in den ersten Schuljahren auffällig war: Er hatte Schwierigkeiten, sich zu konzentrieren, hinterfragte vieles, widersprach häufig, provozierte und inszenierte Machtspiele. In der Mittelschule verschärften sich diese Probleme, was dazu führte, dass die Mutter erneut zu einem Gespräch in die Schule eingeladen wurde. Dabei kam ans Licht, dass Lukas zahlreiche Bindungsabbrüche mit seinem leiblichen Vater und verschiedenen Stiefvätern erlebt hatte. Besonders prägend war die Misshandlung durch einen Stiefvater, der Lukas – ohne das Wissen der Mutter – fesselte, einsperrte und mit kaltem Wasser abduschte. In einem Gespräch mit der Betreuungslehrerin konnte die Mutter schließlich das Ausmaß der traumatischen Erlebnisse erfassen und verarbeiten. Diese Erkenntnisse ermöglichten es den Lehrkräften, die Zusammenhänge zwischen Lukas' Verhalten und seinen Erfahrungen besser zu verstehen und ihm mit mehr Empathie zu begegnen. Zu einem späteren Zeitpunkt wurde für Lukas eine passende therapeutische Unterstützung gefunden.

3.1 Von Trauma-Bewusstheit zu Trauma-Informiertheit

Das Fallbeispiel ist repräsentativ für die etablierte traumapädagogische Praxis, in der das Verhalten des Schülers unabhängig vom Schulsystem analysiert wird. Das Verhalten wird als »unpassend« beschrieben, weist also eine deutliche Unangepasstheit gegenüber dem Schulsystem auf, das dadurch hinterfragt und dem widersprochen wird. Besonders bemerkenswert ist die Beschreibung der »Machtspiele«, die der Schüler inszeniert.

Wie reagiert in diesem Fall das Schulsystem? Es entzieht sich der Selbstreflexion und bleibt auf Meso-, Exo- und Makroebene unverändert. Die handelnden Akteur*innen setzen keine systemischen Akzente, sondern begegnen dem Verhalten des Schülers mit mehr »Verständnis«. Der im Fallbeispiel fokussierte Ort der »Heilung« wird von der Schule an einen anderen sozialen Raum delegiert: das therapeutische Setting. Ganz so einfach gestaltet sich die »Lösung« eines Falls in der Praxis nicht, wie die Erfahrung zeigt und im Folgenden erläutert wird. Unklar bleibt, wie innerhalb der Schule weitergearbeitet werden kann, welche Rolle Lehrpersonen spielen und inwieweit das gezeigte Verhalten nicht vielmehr auf inneren Widerstand und Resilienz hindeutet.

Zusammenfassend lässt sich sagen, dass Trauma-Fixiertheit und Trauma-Ignoranz unterschiedliche Seiten derselben Medaille sind und beide Ansätze weder den Bedürfnissen der Betroffenen noch den Ressourcen der Handelnden gerecht werden. Die zentrale Folge davon ist, dass das Trauma bei primär Betroffenen im Sinne einer kumulativen oder sequenziellen Traumatisierung (▶ Kap. 2.2) verschärft wird.

Dies verdeutlicht die Notwendigkeit eines integrativen und systemischen Ansatzes im Umgang mit Trauma in der Schule. Anstatt lediglich das Verhalten der Schüler*innen isoliert zu betrachten und zu pathologisieren, sollte das Schulsystem selbst hinterfragt und angepasst werden. Dies erfordert eine umfassende Trauma-Informiertheit, die sowohl präventiv als auch reaktiv wirkt und die Gesundheit und das Wohlbefinden aller Beteiligten fördert. Nur durch eine solche ganzheitliche Herangehensweise kann die Verschärfung von Traumata und die Übertragung auf andere wirksam verhindert werden.

3.1.2 Sekundäre Traumatisierung

Studien zeigen, dass primäre Traumata oft auf andere Personen übertragen werden können, was zu einer sekundären Traumatisierung führt (Lawson et al., 2019). Die Häufigkeit von sekundärer Traumatisierung (ST) variiert dabei je nach Studie. So stellten Koenig et al. (2017) fest, dass 43 % der befragten Lehrpersonen Symptome von ST aufwiesen, während Borntrager et al. (2012) berichteten, dass fast 75 % der Erwachsenen in ihrer Studie entsprechende Symptome zeigten. Sekundäre Traumatisierung tritt auf, wenn Nicht-Betroffene wie Lehrkräfte, pädagogisches Personal oder Sozialarbeiter*innen durch ihre Arbeit mit traumatisierten Menschen Symptome einer primären Traumatisierung entwickeln. Sekundäre Traumatisierung, auch als indirekte oder transmissive Traumatisierung bekannt, beschreibt laut Lambert (2012) den Prozess, bei dem Menschen durch die Konfrontation oder Begleitung traumatisierter Personen selbst traumatisiert werden. Komplexe Übertragungsprozesse können das professionelle Handeln erheblich beeinflussen.

Sekundäre Traumatisierung, oft als Erschöpfung aus Mitgefühl *(compassion fatigue)* bezeichnet, entsteht, wenn Menschen die traumatischen Erfahrungen derjenigen absorbieren, für die sie sorgen oder mit denen sie arbeiten, wie beispielsweise Klient*innen oder Patient*innen. Diese Situation entwickelt sich durch lang anhaltende Exposition gegenüber den Traumaerzählungen und emotionalen Belastungen anderer, was zu Symptomen führt, die denen von primären Trauma-Überlebenden ähneln. Zu diesen Symptomen gehören emotionale Betäubung, Hypervigilanz (ein Zustand erhöhter Wachsamkeit und ständiger Anspannung) und Schwierigkeiten, die Konzentration aufrechtzuerhalten.

Wie Venet (2018) beschreibt, variieren die Symptome der sekundären Traumatisierung von Person zu Person, konzentrieren sich jedoch meist auf eine starke gedankliche Beschäftigung mit den traumatischen Erlebnissen der betreuten Personen und den damit verbundenen Stress. Diese Belastung kann sich in Form von Ärger, Konflikten mit anderen oder übermäßiger Sorge zeigen. Venet erläutert, dass sich dies bei ihr in Schlafstörungen äußerte: Sie schlief erschöpft ein, wachte jedoch mitten in der Nacht auf und dachte sofort an bestimmte Schüler*innen oder Gruppen von Schüler*innen. Sie grübelte unablässig darüber nach, wie sie am nächsten Tag auf sie zugehen sollte. In der Schule fühlte sie sich schließlich von den Umständen, die sich gegen ihre Schüler*innen auftürmten, erdrückt und verlor den Glauben daran, dass ihre Bemühungen eine wirkliche Wirkung haben könnten (Venet, 2018).

Obwohl das Buch »Trauma Stewardship: An Everyday Guide to Caring for Self While Caring for Others« von van Dernoot Lipsky (2010) keine wissenschaftliche Publikation im klassischen Sinne ist, bietet es dennoch wertvolle praxisorientierte Perspektiven und Einblicke für Fachkräfte, die regelmäßig mit traumatischen Erfahrungen von Klient*innen oder Schüler*innen konfrontiert sind. In ihrem Werk beschreibt Lipsky: »[W]enn wir von der Reaktion auf Traumaexposition sprechen, meinen wir die Art und Weise, wie die Welt für Sie anders aussieht und sich anders anfühlt aufgrund Ihrer Arbeit« (ebd., S. 47 ff.; Übers. d. A.). Sie identifiziert 16 Warnzeichen einer Reaktion auf Traumaexposition, die bei Fachkräften häufig auftreten, die mit den Traumata ihrer Klient*innen oder Schüler*innen arbeiten.

Nachfolgend werden diese 16 Warnzeichen aufgeführt:

- das Gefühl von Hilflosigkeit und Hoffnungslosigkeit
- das Gefühl, niemals genug tun zu können
- angespannte Wachsamkeit (Hypervigilanz)
- verminderte Kreativität
- Unfähigkeit, Komplexität zu erfassen
- Verharmlosung
- chronische Erschöpfung und körperliche Beschwerden
- Unfähigkeit zuzuhören und bewusste Vermeidung
- dissoziative Momente
- Verfolgungswahn
- Schuldgefühl
- Angst
- Wut und Zynismus
- Unfähigkeit, Empathie zu empfinden und Gefühllosigkeit
- Süchte
- Gefühl der Grandiosität: übertriebenes Gefühl der Wichtigkeit in Bezug auf die eigene Arbeit

Obwohl sekundäre Traumatisierung und Burn-out-Symptome wie emotionale Erschöpfung und reduzierte Effektivität gemeinsam auftreten können, unterscheiden sich ihre Ursprünge und Auslöser signifikant. Die Anerkennung dieser Unterschiede ist entscheidend dafür, geeignete Interventionen und Unterstützungsmechanismen zu implementieren, die auf die spezifischen Bedürfnisse der Betroffenen in verschiedenen beruflichen und pflegerischen Kontexten zugeschnitten sind.

3.1.3 Trauma-Informiertheit

Es gibt einen deutlichen Unterschied zwischen der angloamerikanischen Herangehensweise an das Thema Trauma und jener im deutschsprachigen Diskurs. Während im deutschsprachigen Raum der Fokus oft auf der Bewältigung individuellen Leidens liegt, hat sich seit den 1990er Jahren im angloamerikanischen Raum ein neuer Ansatz etabliert, bekannt als »trauma-informed care«. Dieser Ansatz basiert auf Untersuchungen aus den 1970er und 1980er Jahren zu Kindesmissbrauch, häuslicher Gewalt und sexuellen Übergriffen. Forscher*innen begannen damals, das weitverbreitete Vorkommen und die tiefgreifenden Auswirkungen dieser Erfahrungen zu verstehen.

Ein wichtiger Meilenstein war die Forschung zu den *Adverse Childhood Experiences* (ACE) Ende der 1990er Jahre, die zeigte, dass belastende Kindheitserfahrungen langfristige Auswirkungen auf die körperliche Gesundheit und psychische Integrität haben (Felitti et al., 1998; ▶ Kap. 2.2). Gleichzeitig entwickelte sich ein systemisches Verständnis von Trauma, das nicht mehr nur als individuelle Belastung, sondern als systemisches Versagen betrachtet wurde (Harris & Fallot, 2001).

Trauma-informierte Zugänge sehen sich als Weiterentwicklung etablierter traumasensibler und traumapädagogischer Praxis und regen zu einer Transformation und Information des Bildungsstandorts an mit dem Ziel, Bildungsgerechtigkeit zu fördern und alle Beteiligten aus den Zwängen von Defizitdenken zu befreien. Dies bedeutet eine tiefgreifende Veränderung der Interaktionen und des Miteinanders an Schulstandorten, die sich von einer reinen Fokussierung auf individuelles Leiden hin zu einem systemischen Verständnis von Trauma und dessen Auswirkungen auf die gesamte Bildungsgemeinschaft entwickeln.

Informiertheit

Das Konzept der Informiertheit beschränkt sich nicht nur auf Traumainformierte Ansätze, sondern kann als eine reflexive und kritische Epistemologie, Methodologie und Lerntheorie verstanden werden. Es zeichnet sich durch bestimmte Merkmale aus, die im Folgenden mit Beispielen erläutert werden:

1. Evidenzbasierung: Informiertheit setzt ein hohes Maß an evidenzbasierter Praxis voraus. Entscheidungen werden nicht willkürlich getroffen, sondern basieren auf fundierten und transparenten Ergebnissen. Beispielsweise könnten schulische Interventionsstrategien auf umfangreichen Forschungsergebnissen zu Trauma und dessen Auswirkungen auf das Lernverhalten von Schüler*innen basieren.
2. kritische Reflexion: Ein weiteres Merkmal ist die Ermutigung zur kritischen Reflexion an allen Meilensteinen einer Entwicklung. Dies bedeutet, dass regelmäßig überprüft wird, ob die angewandten Methoden und Theorien noch wirksam und relevant sind. In der Praxis könnte dies bedeuten, dass Lehrer*innen und Pädagog*innen regelmäßig ihre Unterrichtsmethoden reflektieren und anpassen.
3. Prozeduralität und Dynamik: Informiertheit ist prozedural und dynamisch. Informierte Praktiken sind holistisch und fokussieren sich auf die Interdependenzen zwischen verschiedenen Wirkungsbereichen. Ein Beispiel dafür ist die Integration von psychologischen, sozialen und pädagogischen Aspekten in die Schulentwicklung.
4. wechselseitige Befruchtung von Theorie und Praxis: Die Theorie wird durch ihre Implementierung in die Praxis weiterentwickelt, während die Reflexion der Praxis zur konzeptionellen Weiterentwicklung der Theorie beiträgt. Ein Beispiel könnte ein Schulprojekt sein, bei dem theoretische Ansätze zur Traumabewältigung in der

3 Trauma-informierte pädagogische Ansätze

Praxis getestet und anhand der Ergebnisse weiterentwickelt werden. Zentral für »informierte« Ansätze ist auch das Wahrnehmen der ethischen Verpflichtung. Dies beginnt mit einem machtkritischen und zuschreibungsarmen Ansatz und zeigt sich weiter darin, dass partizipative Forschungs- und Handlungsräume geschaffen werden. In diesen Räumen wird die Deutungsmacht zwischen Forschenden und Beforschten oder zwischen Akteur*innen und Handlungsobjekten dekonstruiert, um eine Zusammenarbeit auf Augenhöhe zu ermöglichen.

5. Entwicklungstheorie und Trauma-Informiertheit: Zentral für das Konzept der Trauma-Informiertheit sind Überlegungen der Entwicklungstheorie, wie sie bereits 1972 von Greiner (1972) ausformuliert wurden. Angelehnt an die Entwicklung von Kindern zu Erwachsenen (Piaget, 1952) kann auch ein System oder eine Organisation wachsen und sich weiterentwickeln. Organisationen durchlaufen initiale Phasen der Orientierung, Phasen der Reifung sowie Phasen der Erneuerung oder des Abfalls. Jede zyklische Phase erfordert neue, innovative Lösungsansätze zur Überwindung von Widerständen. Ein praktisches Beispiel hierfür wäre eine Schule, die sich durch verschiedene Entwicklungsphasen bewegt und dabei immer wieder neue Herausforderungen meistert, indem sie innovative pädagogische Konzepte einführt und anpasst.

Diese Merkmale der Informiertheit bieten einen umfassenden und dynamischen Rahmen, der sowohl theoretische als auch praktische Aspekte integriert und kontinuierlich weiterentwickelt. Das lässt sich bereits abseits von der Trauma-Informiertheit in vielen anderen Konzepten der Informiertheit finden:

- *research-informed*: orientiert sich an ethischen Forschungspraktiken und berücksichtigt sorgfältig die Auswirkungen von Forschungsergebnissen auf Individuen und die Gesellschaft (Creswell & Creswell, 2018)
- *community-informed*: berücksichtigt die Bedürfnisse, Rechte und Stimmen aller Akteur*innen in der Gemeinschaft. Interventionen

werden so gestaltet, dass sie respektvoll und gerecht sind, unter Einbeziehung der Perspektiven und Erfahrungen der Gemeinschaft (Israel et al., 2012).
- *language-informed*: priorisiert die ethischen Implikationen der Sprachnutzung, einschließlich der Zugänglichkeit, Inklusivität und transkulturellen Sensibilität in der Kommunikation (Baker-Bell, 2020)
- *policy-informed*: integriert Erkenntnisse aus der soziopolitischen Forschung und Analyse, um die Entwicklung und Umsetzung von Policies zu unterstützen. Dies hilft sicherzustellen, dass politische Entscheidungen auf evidenzbasierten Informationen beruhen (Kraft & Furlong, 2019).
- *practice-informed*: Nutzt Erkenntnisse aus praktischen Erfahrungen und Fallstudien, um theoretische Modelle und weitere Praxis zu verbessern und anzupassen (Schön, 1983).
- *data-informed*: Entscheidungen und Strategien basieren auf einer gründlichen Datenanalyse und nachvollziehbaren Metriken, um sicherzustellen, dass Handlungen auf verlässlichen und aussagekräftigen Daten beruhen (Provost & Fawcett, 2013).
- *evidence-informed*: ähnlich wie *research-informed*, jedoch breiter gefasst und umfasst sowohl quantitative als auch qualitative Beweise aus verschiedenen Quellen. Dies ermöglicht eine umfassende Bewertung und Anwendung von evidenzbasierten Erkenntnissen in verschiedenen Kontexten (Melnyk & Fineout-Overholt, 2018).
- *technology-informed*: berücksichtigt aktuelle technologische Entwicklungen und Trends, um Entscheidungen, Strategien und Praktiken anzupassen und zu optimieren (Brynjolfsson & McAfee, 2014).
- *culturally-informed*: gewährleistet, dass Praktiken durch ein tiefes Verständnis kultureller Dynamiken und den Respekt für kulturelle Vielfalt geprägt sind. Dies fördert eine effektive und einfühlsame Interaktion mit verschiedenen kulturellen Hintergründen und Gemeinschaften (Gay, 2018).

In diesem Abschnitt widmen wir uns zunächst der Trauma-Informiertheit auf systemischer Ebene. In den folgenden Kapiteln werden wir auf die

3 Trauma-informierte pädagogische Ansätze

Handlungsoptionen der pädagogisch Handelnden eingehen, nämlich der Lehrpersonen. Schrittweise erweitern wir den Fokus auf alle Akteur*innen der Lernprozesse, insbesondere die Schule als Ganzes.

Eine zentrale Referenz in diesem Kontext ist die Publikation der Substance Abuse and Mental Health Services Administration (SAMHSA) der USA. SAMHSA definiert »trauma-informed care« (TIC) bereits in der Einleitung als einen Ansatz, der die Auswirkungen von Trauma der Beteiligten im System erkennt und durch Wissen über Trauma mögliche Wege der Genesung ins System integriert.

> »[SAMHSA] realizes the widespread impact of trauma and understands potential paths for recovery; recognizes the signs and symptoms of trauma in clients, families, staff, and others involved with the system; and responds by fully integrating knowledge about trauma into policies, procedures, and practices« (SAMHSA, 2023, S. 1).

SAMHSA (2023) hat für die Trauma-Informiertheit Entwicklungsphasen vorgeschlagen, die prozedural aufeinander aufbauen. Diese sind, in der folgenden Grafik adaptiert und erweitert abgebildet (▶ Abb. 3.1).

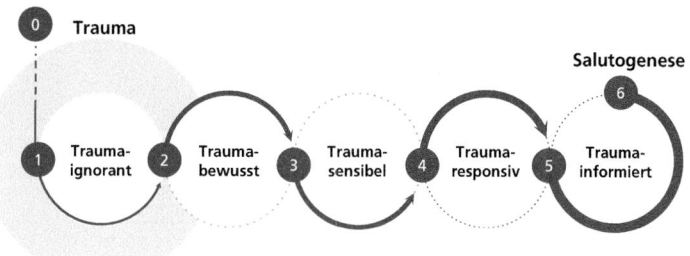

Abb. 3.1: Phasen der Trauma-Informiertheit (in Anlehnung an SAMHSA, 2023)

(0) Die Grundlage für die Trauma-Informiertheit ist die Konzeptualisierung des Traumas. Welche Ereignisse werden als Trauma klassifiziert und welche nicht (▶ Kap. 2.2)? Es ist wichtig zu betonen, dass »informierte« Ansätze tendenziell auf dynamische bzw. prozedurale Konzepte verweisen. Dennoch erfordert ein Trauma-informierter Ansatz keine einheitliche Definition von Trauma. Gegenteiliges ist sogar der Fall, da Trauma entlang eines Spektrums konzeptualisiert wird.

3.1 Von Trauma-Bewusstheit zu Trauma-Informiertheit

(1) Vor der Implementierung eines Trauma-informierten Ansatzes ist das System in einem Zustand der *Trauma-Ignoranz* und kann die Betroffenheit durch Trauma bei allen Beteiligten nicht erfassen. Die Schulleitung, Lehrkräfte und andere Akteur*innen sind nicht in der Lage, die Auswirkungen und die Häufigkeit von Traumata zu erkennen. Rassismus- und vorurteilskritische Bildungsgerechtigkeit wird nicht proaktiv thematisiert. Die durch Traumata geprägte Struktur von Lehr- und Lernumgebungen beschränkt sich jedoch nicht auf Einzelpersonen, sondern wird auf allen Ebenen reproduziert, was eine »Kultur des Burn-outs« begünstigt. Dies manifestiert sich besonders bei pädagogisch Tätigen in Form von sekundärer Traumatisierung, wodurch sich ein Teufelskreis von Ohnmacht und Handlungsunfähigkeit wiederholt.

(2) Die erste Phase auf dem Weg zu einer Trauma-informierten Praxis ist die *Trauma-Bewusstheit (trauma awareness)*. In dieser Phase geht es primär darum, dass die Akteur*innen erkennen, dass Trauma an ihrem Standort eine wesentliche Rolle spielt und alle Interaktionen beeinflusst. Pädagogische Fachkräfte sollen den historischen Kontext und kollektive Aspekte von Trauma verstehen.

Ebenso soll ein Bewusstsein für strukturelle Ungleichheiten am Standort geschaffen werden, die ein Potenzial zur (Re-)Traumatisierung haben. Es wird das Ziel wird gesetzt, Retraumatisierung zu minimieren und letztendlich zu verhindern. Ames und Loebach betonen: »As with all TIC programs, an understanding of trauma theory and its application to therapeutic practices and settings is detailed as critical in all frameworks, both in reducing retraumatization and in promoting long-term resiliency and growth« (Ames & Loebach, 2023, S. 809).

In dieser Phase wird insbesondere ein standortspezifisches Wissen über Trauma entwickelt. Ein Bekenntnis zur Intervention wird verbalisiert, wobei der Fokus auf der Sichtbarmachung der Stimmen der Schüler*innen liegt. Dies bildet das Fundament für ihre Partizipation.

Retraumatisierung

Retraumatisierung tritt im schulischen Kontext dann auf, wenn Einzelpersonen oder (affektive) Gemeinschaften belastende Erinnerungen an vergangene Traumata erleben, die ihre psychische Belastung verstärken und ihre Fähigkeit, effektiv zu lernen, untergraben. Das schulische Umfeld mit seinen strukturierten Routinen und zwischenmenschlichen Dynamiken kann bei Schüler*innen, die ein Trauma erlebt haben, ungewollt diese Reaktionen auslösen. Dies kann sich in Form von erhöhter Angst, Verhaltensauffälligkeiten und akademischem Disengagement äußern und sowohl die akademischen Leistungen als auch das allgemeine Wohlbefinden beeinträchtigen.

Um der Retraumatisierung entgegenzuwirken, müssen Schulen ein Umfeld schaffen, in dem Sicherheit, Vertrauen und Sensibilität für individuelle Erfahrungen im Vordergrund stehen. Durch die Integration Trauma-informierter Praktiken – wie zum Beispiel die Schulung des Personals in Bezug auf Trauma-Bewusstsein, die Umsetzung unterstützender disziplinarischer Ansätze und die Schaffung sicherer Räume *(safe space)* für den Ausdruck von Emotionen – können Bildungseinrichtungen das Risiko einer Retraumatisierung mindern und eine integrativere Lernumgebung fördern, in der alle Schüler*innen akademisch und emotional erfolgreich sein können.

Zentral für das Konzept der Retraumatisierung ist das Verständnis der Risiko- und Schutzfaktoren, die ein Ereignis zu einem Trauma machen. Risikofaktoren umfassen Aspekte wie die Schwere und Dauer des ursprünglichen Traumas, die Nähe zur traumatischen Situation und die fehlende soziale Unterstützung. Schutzfaktoren können dagegen stabile Beziehungen, ein unterstützendes Umfeld und effektive Bewältigungsstrategien sein (APA, 2013).

Auch das Verständnis der Nuancen zwischen den Begriffen Trauma, traumatisch, traumatisierend und traumatisiert ist notwendig, um zu verstehen, wie ein Trigger eine Retraumatisierung auslösen kann. Trauma bezieht sich auf das eigentliche Ereignis, das die schädlichen emotionalen und psychischen Effekte verursacht. Traumatisch beschreibt die Eigenschaft eines Ereignisses, das potenziell traumatisch ist. Traumatisierend beschreibt den Prozess oder das Ergebnis, das zu einem Trauma führt. Traumatisiert beschreibt den Zustand einer Person, die die schädlichen Effekte eines Traumas erlebt hat (Herman, 1992).

Ein weiterer wichtiger Aspekt ist die Schaffung eines schützenden schulischen Umfelds, das die Schüler*innen vor potenziellen Triggern schützt und ihnen gleichzeitig hilft, mit bestehenden Traumata umzugehen. Trauma-informierte Schulpraktiken beinhalten die Anerkennung und Minimierung von Triggern im Klassenzimmer, wie zum Beispiel laute Geräusche oder unerwartete Veränderungen, was eine stressfreie und vorhersehbare Umgebung fördert (SAMHSA, 2023).

Durch diese Ansätze können Schulen nicht nur das Risiko der Retraumatisierung verringern, sondern auch eine Atmosphäre schaffen, in der traumatisierte Schüler*innen Unterstützung und Verständnis finden, was ihnen hilft, sich sicher zu fühlen und ihre akademischen und sozialen Fähigkeiten zu entwickeln.

In diesem Kontext versteht man unter Trigger bestimmte Reize, die unangenehme Erinnerungen und Flashbacks auslösen. Diese Trigger können Gerüche (z. B. Schweiß, Öl, Rauch), Geräusche (z. B. Feueralarm, Sirenentests, laute Knalle) sowie Anblicke, Bewegungen und Berührungen umfassen. Laut einer wissenschaftlichen Publikation von Cohen, Mannarino und Deblinger (2009) werden solche Trigger als spezifische sensorische Reize verstanden, die bei traumatisierten Kindern und Jugendlichen Erinnerungen an das traumatische Ereignis hervorrufen und zu intensiven emotionalen Reaktionen führen können. Die Unterstützung durch Pädagog*innen ist entscheidend für die Entwicklung von Bewältigungsstrategien, die den Umgang mit diesen Triggern erleichtern (ebd., 2009). Da es kaum möglich ist, traumatisierte Kinder und Jugendliche vollständig vor diesen Reizen zu schützen, ist es hilfreich, dass sie lernen, ihre individuellen Trigger zu erkennen und zu vermeiden sowie mit auftauchenden Gefühlen umzugehen. Dies schaffen sie durch die Unterstützung von Pädagog*innen, indem diese die Kinder unterstützen und ihnen helfen, trotz Rückschlägen stärker und unabhängiger zu werden.

Fallreflexion: Retraumatisierung im Schulalltag

Ein Beispiel für Retraumatisierung finden wir in folgender Fallreflexion mit der titelgebenden Fragestellung »Was triggert Ahmed?« im

3 Trauma-informierte pädagogische Ansätze

> UNHCR-Lehrmaterial »Flucht und Trauma im Kontext Schule. Handbuch für Pädagog*innen«:
>
> »Ahmed, ein schüchterner Elfjähriger aus dem Irak, findet in seiner Klasse keinen Zugang zu seinen Mitschüler*innen. Im Unterricht hört er aufmerksam zu, meldet sich aber nie von selbst zu Wort. Mitschüler*innen mit arabischer Muttersprache sprechen ihn in der Pause nach anfänglichen Versuchen, mit ihm in Kontakt zu kommen, nicht mehr an. Er besucht nach dem Unterricht einen Deutschkurs, lernt rasch die neue Sprache und ist überdurchschnittlich fleißig. In Bildnerischer Erziehung fällt Ahmeds Talent zum Zeichnen auf. Der Lehrer schenkt Ahmed Zeichenpapier und einen Kohlestift, im Gegenzug schenkt Ahmed ihm eine Woche später eine kleine Porträtzeichnung. Als der Lehrer ihm dafür anerkennend seine Hand auf die Schulter legen möchte, zuckt Ahmed erschrocken zusammen und duckt sich in einer raschen Drehbewegung weg« (Siebert & Pollheimer-Pühringer, 2024, S. 24).
>
> Im Handbuch werden folgende Reflexionsfragen an Pädagog*innen gestellt:
>
> 1. Warum dreht sich Ahmed erschrocken weg?
> 2. Welche Verhaltensweisen zeigt Ahmed und welche davon kann die Schule als Ressource zu seiner Stabilisierung nutzen?
> 3. Was kann ich als Lehrperson in solchen Situationen tun?

(3) Die zweite Phase auf dem Weg zu einer Trauma-informierten Praxis ist die Traumasensibilität, die in der angloamerikanischen Forschung auch als *trauma sensitivity* bezeichnet wird. Diese Phase beginnt damit, dass sich die Akteur*innen intensiv mit dem Thema Trauma auseinandersetzen und eine umfassende Traumakompetenz *(trauma literacy)* am Bildungsstandort entwickeln. Ein wesentlicher Bestandteil dieser Phase ist es, die Grundsätze auf verschiedenen Ebenen, einschließlich der Schulleitung, des Kollegiums und der Eltern, zu besprechen und zu evaluieren. Dabei werden sowohl das Bewusstsein für das Trauma als auch das Resilienzpotenzial am Standort erhoben.

In dieser Phase geht es einerseits um Reflexion und andererseits um den Kompetenzgewinn *(trauma skills)* der Akteur*innen. Erste Änderungen auf infrastruktureller Ebene werden vorgenommen, wie die Bereit-

3.1 Von Trauma-Bewusstheit zu Trauma-Informiertheit

stellung von Unterstützungspersonal und die Einführung von Supervisionstrainings sowie Supervisionsangeboten. Diese Maßnahmen zielen darauf ab, die Fähigkeit der Akteur*innen zu stärken, traumatisierte Schüler*innen zu unterstützen und resilientere Bildungsumgebungen zu schaffen.

Die Koordination dieser Phase übernimmt ein »Trauma-Team«, das auch die Schulleitung mit einbezieht. Dieses Team sorgt dafür, dass die Implementierung der Maßnahmen systematisch und effektiv erfolgt und dass die gesamte Schulgemeinschaft in den Prozess einbezogen wird.

(4) In der dritten Phase, der Traumaresponsivität *(trauma-responsivity)*, wird aktiv an der Salutogenese gearbeitet. Trauma-informierte Grundsätze sind nun die Norm am Bildungsstandort und werden nicht nur von spezialisierten Akteur*innen getragen, sondern sind Teil der Handlungskompetenz aller Beteiligten. Das mentale und emotionale Wohlbefinden des (pädagogischen) Personals wird aktiv thematisiert und gefördert. Zudem wird an der Schule kontinuierlich an Transparenz und Kommunikation gearbeitet.

Die Organisation von Weiterbildungsangeboten und Supervisionen ist ein zentrales Element dieser Phase. Das Ziel besteht darin, nicht mehr auf Trauma zu »reagieren« (im Sinne einer *trauma reaction*), sondern darauf sinnvoll und pädagogisch fundiert zu »antworten«. Responsivität unterscheidet sich von Reaktion dadurch, dass sie Distanz ermöglicht und somit Raum für Reflexion eröffnet: Die anschließende Handlung der pädagogischen Akteur*innen ist dann nicht auf das Trauma-assoziierte Verhalten des Gegenübers reduziert, sondern zielt auf eine ganzheitliche Stabilisierung ab. Dies bedeutet, dass die pädagogischen Maßnahmen darauf ausgerichtet sind, das gesamte Wohlbefinden der Schüler*innen zu fördern und nicht nur auf spezifische traumatische Auslöser zu reagieren. Durch diesen Ansatz wird eine umfassende und nachhaltige Unterstützung geschaffen, die zur langfristigen Resilienz und Gesundheit aller Beteiligten beiträgt.

Ein zentraler Unterschied zwischen traumasensibler und traumaresponsiver pädagogischen Planung besteht darin, dass bei Ersterer die Frage gestellt wird: Wen unterrichte ich? Was sind ihre Bedürfnisse? Welche Traumata könnten eine Rolle für ihr (Nicht-)Verhalten spielen? Bei der Responsivität hingegen geht es um die Frage: Was unterrichte ich? Welche

Materialien verwende ich, um aktiv Trauma-informierte Räume zu schaffen, in denen sich Betroffene selbstwirksam und selbstermächtigt fühlen?

(5) *Trauma-Informiertheit* markiert den vermeintlich letzten Schritt in diesem Prozess. Definiert wird dieser Schritt als das Ergebnis der vorangegangenen drei Phasen: das Bewusstsein schaffen, die Ausgangssituation evaluieren und die Grundsätze der Trauma-informierten Pädagogik unter Einbeziehung aller Akteur*innen etablieren. In dieser Perspektive stellt Trauma-Informiertheit eine visionäre Zielsetzung dar, die eng mit Evaluationsmaßnahmen verknüpft ist. Resilienzfördernde Maßnahmen werden auf sämtlichen Ebenen implementiert: in den Lehrplänen, im Leistungsmanagement, durch Schulpartnerschaften, Elternarbeit sowie durch interne und externe Kommunikation. Somit ist Trauma-informiert kein Status quo, sondern ein andauernder Prozess.

(6) *Trauma-Informiertheit kann jedoch weiterentwickelt und weitergedacht werden.* In der Literatur finden sich einerseits Ansätze des *trauma-integrated approach* und andererseits des *trauma-transformative approach*, die einen Paradigmenwechsel von Trauma-Informiertheit zu Trauma-Transformation darstellen. Es fällt auf, dass dem Konzept der trauma-informed care vorgeworfen wird, Trauma als bloße Zuschreibung zu verwenden und Betroffene auf ihre traumatische Erfahrung zu reduzieren. Williams stellt in ihrer Dissertation von 2020 die Frage: »How informed is ›*Trauma-Informed*‹?«. Sie nutzt qualitative Methoden, geleitet von der *critical race theory*, um zu untersuchen, wie *Trauma-informed-care*-Richtlinien, die an vielen Bildungseinrichtungen obligatorisch geworden sind, immer noch durch rassifizierte Diskurse Bildungsungleichheiten verstärken können (Williams, 2020).

Ginwright (2021) antwortet auf die Frage, wie man den Bedürfnissen von Betroffenen besser gerecht werden kann, mit dem Konzept des *healing-centered engagement*. Bei diesem Ansatz wird Trauma anders als bei der Trauma-Informiertheit nicht nur als Erlebnis eines Individuums im System betrachtet, vielmehr werden die kollektive Erfahrung von Trauma und Heilung betont. Dieser ganzheitliche Ansatz integriert Kultur, Spiritualität, bürgerschaftliches Engagement und kollektive Heilung. Diese erweitern unser Verständnis von Traumabewältigung und fördern ein umfassenderes Wohlbefinden, das als »healing-centered« bezeichnet wird (Ginwright, 2021).

Die Weiterentwicklung der Trauma-Informiertheit hin zu Ansätzen wie dem *trauma-integrated* und dem *trauma-transformative approach* stellt einen bedeutenden Paradigmenwechsel dar, der über die bloße Berücksichtigung traumatischer Erfahrungen hinausgeht. Kritiker*innen des Konzepts der trauma-informed care argumentieren, dass es Betroffene auf ihre traumatischen Erlebnisse reduziert und dadurch möglicherweise bestehende Ungleichheiten verstärkt. Weiters weisen sie darauf hin, dass trauma-informed care in Bildungseinrichtungen durch rassifizierte Diskurse zur Reproduktion von Bildungsungleichheiten beitragen kann.

Das Konzept des healing-centered approach integriert Kultur, Spiritualität, zivilgesellschaftliches Engagement und kollektive Heilung, um eine umfassendere und nachhaltigere Salutogenese zu ermöglichen. In diesem Zusammenhang bedeutet Salutogenese (also die Balance aus Gesundheit und Krankheit), dass der Fokus nicht nur auf der Behandlung von Trauma und dessen Symptomen liegt, sondern auf der Förderung von Gesundheit und Wohlbefinden im umfassenden Sinne. Das Konzept des *healing-centered engagement* von Ginwright (ebd.) unterstützt diesen salutogenetischen Ansatz, indem es nicht nur die individuellen Traumata betrachtet, sondern auch kollektive und kulturelle Aspekte der Heilung einbezieht. Dies führt zu einer ganzheitlicheren und nachhaltigeren Förderung des Wohlbefindens der Personen mit traumatischer Erfahrung.

3.2 Trauma-informed care (TIC)

Eine Möglichkeit, die Auswirkungen von Traumata zu mildern, ist die Umsetzung einer trauma-informed care (National Child Traumatic Stress Network, 2017; SAMHSA, 2023). Trauma-informed care integriert ein Verständnis der weitreichenden biologischen, psychologischen und sozialen Folgen von Trauma mit dem Ziel, deren Auswirkungen zu lindern, anstatt sie zu verschlimmern (Harris & Fallot, 2001).

3 Trauma-informierte pädagogische Ansätze

Trauma-informed care

Trauma-informed care bleibt in diesem Handbuch unübersetzt und wird aus dem Englischen übernommen, da es keine adäquate Entsprechung in der deutschsprachigen Forschungsliteratur dafür gibt. Am ehesten findet man Anwendungen unter dem Begriff »traumainformierte Versorgung« oder »traumainformierte Pflege«, diese sind aber meist auf psychiatrische Kontexte beschränkt und werden nicht holistisch operationalisiert.

Das Konzept der trauma-informed care basiert auf den Erfahrungen von Menschen, die die psychosoziale Versorgung als traumatisierend und retraumatisierend in Bezug auf vergangene Ereignisse erlebt haben (Butler et al., 2011). Trauma-informed care ist somit ein Ansatz für die Erbringung von Dienstleistungen, der berücksichtigt, dass alle Personen, die Dienstleistungen in Anspruch nehmen, möglicherweise ein Trauma erlebt haben, die Gefahr besteht, dass in der care ein Schaden entsteht, und dass die care so erbracht werden kann, dass sie sensibel auf das Trauma reagiert und den Schaden minimiert.

Mit der trauma-informed care werden zwei Ziele verfolgt: Zum einen soll sichergestellt werden, dass die care traumasensibel ist, zum anderen soll gewährleistet werden, dass Traumata nicht in der care entstehen. Die psychiatrische Versorgung schafft traumatisierende Erfahrungen, die vielleicht nicht als »Trauma« diagnostiziert werden, aber die Dynamik von Macht, Zwang und Kontrolle reproduzieren, die vielen traumatischen Erfahrungen innewohnt (Harris & Fallot, 2001).

Trauma-informed care ist daher ein Ansatz zur Strukturierung der Organisationskultur, Praktiken und Richtlinien, die sensibel für die Erfahrungen und Bedürfnisse von Menschen sind, die ein Trauma erlebt haben, und diese in den Mittelpunkt stellt (McInerney & McKlindon, 2015). Wesentliche Bestandteile sind jedoch das Bewusstsein des Personals für die Prävalenz und die Auswirkungen von Traumata, das Verständnis für die Auswirkungen von Traumata auf die Inanspruchnahme von Dienstleistungen und die Verpflichtung, diese Erkenntnisse in Politik, Verfahren und Praxis zu berücksichtigen (Hopper et al., 2010). Trauma-

3.2 Trauma-informed care (TIC)

informed care erfordert jedoch auch Veränderungen in den zwischenmenschlichen Ansätzen und der Behandlungsplanung – zum Beispiel durch proaktive Ansätze zur Schaffung und Aufrechterhaltung psychologischer Sicherheit in Interaktionen und zur Teilung der Macht innerhalb organisatorischer Prozesse (Isobel & Delgado, 2018).

Die trauma-informed care unterscheidet sich von der Traumabewältigungstherapie; sie konzentriert sich nicht auf die Besonderheiten traumatischer Erfahrungen, sondern bietet Dienstleistungen in einer Weise an, die die Auswirkungen früher Traumata auf das Verhalten über die gesamte Lebensspanne hinweg berücksichtigt (Bloom & Farragher, 2013). Trauma-informed care bietet ein sicheres und klient*innenzentriertes Umfeld, in dem die Dienstleister*innen maladaptives Verhalten im Kontext traumatischer Erfahrungen verstehen und darauf reagieren (Levenson et al., 2014), und hilft den Klient*innen, die Fähigkeiten zur Selbstbeobachtung zu entwickeln, die notwendig sind, um die Fähigkeit zur Selbstregulierung aufzubauen (Prescott & Wilson, 2013).

Die Anerkennung der Vorteile von trauma-informed care und das Interesse an der Anwendung im pädagogischen Kontext nehmen zu (Loomis, 2018). Forscher*innen betonen insbesondere die positiven Auswirkungen von trauma-informed care auf die sozial-emotionale Entwicklung (z. B. Emotionsregulation, Aufbau von Beziehungen) und das Verhalten von Schüler*innen (Saint Gilles & Carlson, 2020). Die erfolgreiche Umsetzung von trauma-informed care erfordert, dass alle Mitglieder einer Organisation, auch der Schulen, Trauma-informiert sind (SAMHSA, 2023). Wie in anderen Organisationen erfordert die Umsetzung von trauma-informed care in pädagogischem Kontext mehrere Prinzipien, darunter die Unterstützung durch die Verwaltung, interdisziplinäre Zusammenarbeit, Trauma-informierte Einstellungen und Änderungen in Politik und Praxis (Baker et al., 2021).

Es gibt vier Komponenten von trauma-informed care, die in Schulsysteme eingebettet werden können: (1) Erkennen der Auswirkungen von Trauma, (2) Erkennen der Anzeichen und Symptome von Trauma, (3) Reagieren durch vollständige Integration von Wissen über Trauma in Richtlinien, Verfahren und Praktiken und (4) aktiver Widerstand gegen erneute Traumatisierung (SAMHSA, 2023). Diese Komponenten werden später noch detaillierter erklärt (▶ Kap. 3.3.3).

3.3 Trauma-Informiertheit in pädagogischen Kontexten

Ein Trauma-informierter Ansatz unterscheidet sich von traumaspezifischen Interventionen oder Trauma-Systemen. Während traumaspezifische Interventionen wie Bewertung, Behandlung oder Unterstützung bei der Genesung erfasst sind, integriert ein Trauma-informierter Ansatz auch wesentliche Trauma-Prinzipien in die Organisationskultur. Ein Trauma-informierter Ansatz erkennt die Häufigkeit von Traumata an, versteht die Auswirkungen dieser Erfahrungen auf alle Individuen, nutzt Trauma-informierte Praktiken und Richtlinien und vermeidet Praktiken, die eine Retraumatisierung auslösen könnten (SAMHSA, 2023). Solche Traumainformierten Ansätze haben sich in vielen Bereichen des öffentlichen Dienstes (z. B. psychische Gesundheit, Kinderfürsorge) etabliert und sind später auch in Schulen und Bildungseinrichtungen bekannt geworden. Die erhöhte Aufmerksamkeit für Trauma und die Notwendigkeit von Trauma-informierten pädagogischen Ansätzen haben zu einem aufkommenden Diskurs in Schulen über Unterrichtspraktiken, das Schulklima und die Durchführung von traumabezogener Lehrer*innenfort- und -ausbildung beigetragen (Crosby, 2015).

Ein Grund dafür ist die Forschung, die sich auf Trauma und seine Auswirkungen auf Kinder konzentriert. Studien haben gezeigt, dass Kindheitstrauma mit Beeinträchtigungen der schulischen Leistungen einhergeht, da traumatischer Stress erheblichen Einfluss auf die soziale, emotionale und kognitive Entwicklung sowie die Gehirnentwicklung haben kann (Perfect et al., 2016). Kindheitstrauma kann die Fähigkeit zur Selbstregulation und -organisation, zum Verstehen und Erinnern negativ beeinflussen (Wolpow et al., 2009), was sich sowohl akademisch als auch sozial auf die gesamten Schulerfahrungen der Schüler*innen auswirkt.

Der theoretische Hintergrund zeigt, dass die Folgen traumatischer Ereignisse sehr weitreichend sein können und somit auch den schulischen Kontext betreffen. Besonders Symptome, die zwischenmenschliche Beziehungen, Selbstwahrnehmung, Aufmerksamkeit sowie die Regulation von Affekten und Impulsen betreffen, haben große Auswirkungen im

3.3 Trauma-Informiertheit in pädagogischen Kontexten

Klassenzimmer und erfordern eine Trauma-informierte Gestaltung des pädagogischen Umfelds. Dies ist besonders wichtig dafür, bei betroffenen Schüler*innen das plötzliche Auftreten von belastenden Gedanken oder Erinnerungen zu vermeiden. Solche Gedanken oder Erinnerungen können durch unterschiedliche Auslöser wie Gerüche, Geräusche oder Bewegungen hervorgerufen werden und bei den Betroffenen das Gefühl des Wiedererlebens des traumatischen Ereignisses erzeugen (Siebert & Pollheimer-Pühringer, 2024). Um diese Auslöser zu vermeiden und Schüler*innen mit Traumata einen sicheren Ort des Lernens zu bieten, ist die Frage nach dem Trauma-informierten pädagogischen Ansatz von hoher Relevanz.

Angesichts der negativen Auswirkungen von Trauma auf Kinder soll die Rolle der Schulen bei der Verursachung und Verschlimmerung von Traumata anerkannt werden. Schulen können Orte sein, die Unterdrückung und Diskriminierung aufrechterhalten oder eine Retraumatisierung verursachen. Wenn wir die Schule nur als einen Ort betrachten, der sich mit der individuellen Natur von Trauma befasst und Unterstützung für einzelne Schüler*innen bietet, die aufgrund von Widrigkeiten gestresst sind, könnte uns dies zu der Annahme verleiten, dass wir Trauma-informiert sind. Wir könnten glauben, dass es ausreicht, wenn wir den Schüler*innen fürsorgliche Lehrpersonen, flexible akademische Strukturen und Beratung anbieten. Weiters könnten wir auch meinen, dass es genügt, wenn wir unseren Ansatz im Classroom Management ändern (Venet, 2023). Diese Überlegungen sind wichtig, aber ein Trauma-informierter pädagogischer Ansatz muss nicht nur diese einzelnen Schüler*innen ansprechen, sondern auch die Strukturen, Systeme und Ungleichheiten, die Trauma verursachen (Khasnabis & Goldin, 2020).

Doch wie kann eine Trauma-informierte Schule erreicht werden? Es gibt keine allgemeingültige Definition von Trauma-informierter Schule. Dies kann sowohl positiv als auch als negativ betrachtet werden (Venet, 2023). Einerseits ist es positiv, dass ein Trauma-informierter pädagogischer Ansatz nicht von einer einzelnen Instanz bestimmt oder geprägt wird. Andererseits führt dies dazu, dass nicht immer dasselbe gemeint ist, wenn von einem Trauma-informierten pädagogischen Ansatz gesprochen wird. Es gibt jedoch einige gemeinsame Vorstellungen von Trauma-informierter Schule.

3 Trauma-informierte pädagogische Ansätze

- Das Buch von Sporleder und Forbes »The Trauma-Informed School« (2016) bezieht Trauma-informiert auf alle Wege, auf denen ein Dienstleistungssystem durch das Verständnis von Trauma beeinflusst und modifiziert wird, um auf die Auswirkungen von traumatischem Stress zu reagieren.

- Craig, Autorin von »Trauma-Sensitive Schools« (2016), schrieb, dass der Begriff *Trauma-informierte* Schulen das Schulklima, die Unterrichtsgestaltung, die positiven Verhaltensunterstützungen und die Richtlinien beschreibt, die traumatisierte Schüler*innen benötigen, um akademische und soziale Kompetenz zu erreichen.

- Laut der Substance Abuse and Mental Health Administration (SAMHSA, 2014) versteht ein Trauma-informierter Ansatz die weitverbreiteten Auswirkungen von Trauma und mögliche Wege zur Genesung, erkennt die Anzeichen und Symptome von Trauma bei Klient*innen, Familien, Mitarbeiter*innen und anderen, die mit dem System verbunden sind, und reagiert, indem Wissen über Trauma vollständig in Richtlinien, Verfahren und Praktiken integriert wird und aktiv versucht wird, eine Retraumatisierung zu vermeiden.

Der gemeinsame Standpunkt dieser und anderer ähnlicher Definitionen ist, dass sie sich darauf konzentrieren, auf die Bedürfnisse von Schüler*innen zu reagieren, die bereits von einem Trauma betroffen sind. Ein Trauma-informierter pädagogischer Ansatz sollte jedoch über Heilung hinausgehen. Er sollte sich nicht nur auf die Auswirkungen und Folgen konzentrieren, sondern auch auf die Ursachen und den Aufbau von Resilienz für potenzielle Traumaerfahrungen. Venet (2023) erläutert diesen Ansatz anhand eines Beispiels aus dem Schulkontext, das eine Haltung vorstellt, die sich nicht nur auf die individuellen Ursachen des Traumas konzentriert, sondern auch auf die kontextuellen Merkmalen, die zu den traumatischen Ereignissen führen:

> »For example, a student is bullied for being poorer than her classmates. Typical trauma-informed education suggestions would be to intervene with the student's classmates to stop the bullying and then provide support to the affected student. This might look like inviting her to a lunch to build positive social connections or teaching her self-regulation skills to manage her distress. These are necessary first steps. But those interventions address only the individual causes of the

3.3 Trauma-Informiertheit in pädagogischen Kontexten

student's trauma. We also have to ask: What were the conditions in our school that created the bullying in the first place? How do our students understand one another's relative incomes and family structures? How might school be contributing to inequities between students or drawing attention to poverty? What are we doing to help students and families access resources? By focusing only on the student's coping skills, we may be sending the message that it's more important to cope with your own marginalization than to work to end the factors that are marginalizing you« (Venet, 2023, S. 9).

Andererseits wird unter einem Trauma-informierten pädagogischen Ansatz oft verstanden, dass Trauma als einmalige Tragödie, als ein Ereignis außerhalb der Schule oder als individuelle Erfahrung betrachtet wird, über die die Schule keine Kontrolle hat (Venet, 2023). Trauma kann jedoch überall auftreten, auch in der Schule. Es kann durch anhaltende alltägliche Strukturen kontinuierlich entstehen und nicht nur Einzelpersonen, sondern auch Familien, Gemeinschaften oder Generationen betreffen. Trauma nur als individuelles Problem zu behandeln, wenn es das nicht ist, hat den bedauerlichen und vielleicht vorhersehbaren Effekt, Kinder und Familien für Herausforderungen verantwortlich zu machen, die sie nicht selbst verursacht haben (Khasnabis & Goldin, 2020). Allerdings können Schulsysteme und einzelne Lehrkräfte selbst die Verursacher*innen von Trauma sein. Eine Trauma-informierte Perspektive erfordert, dass wir auch kritisch über den Status quo im Bildungswesen nachdenken und bereit sind, erhebliche Veränderungen in der Art und Weise vorzunehmen, wie wir alltägliche Dinge tun.

3.3.1 Grundsätze Trauma-informierter Pädagogik

Der Trauma-informierte Ansatz ist ein Konzept, das aus dem Bewusstsein entstanden ist, dass traditionelle Ansätze manchmal nicht funktionieren und dass viele Menschen negative und traumatische Erfahrungen gemacht haben, die oft bleibende Auswirkungen haben. Ein Trauma-informierter Ansatz erkennt die Allgegenwärtigkeit und die Auswirkungen von Widrigkeiten an und betont die Bedeutung von Interaktionen auf der Grundlage von Sicherheit, Wahlmöglichkeiten, Zusammenarbeit, Befähigung und Vertrauenswürdigkeit bei gleichzeitiger kultureller Sensibilität (bzw. Informiertheit). Die Frage lautet nicht mehr »Was ist los mit dir?«, sondern »Was ist passiert?«.

Hier erfolgt eine Verschiebung des Fokus von der individuellen hin zur systemischen Verortung der Problematik. Diese Verschiebung der Perspektive kann eine positive Auswirkung auf die Lernumgebung, aber auch auf das Arbeitsumfeld für Lehrpersonen haben. Langfristig kann damit eine höhere berufliche Zufriedenheit einhergehen (Sweeney et al., 2018). Wie ein solches Umfeld gestaltet werden kann, das sich auf unterschiedliche Akteur*innen auswirkt, ist komplex und wird im Folgenden erläutert.

Nach der Substance Abuse and Mental Health Service Administration (SAMHSA, 2014) beruht ein traumainformierter Ansatz auf der Einhaltung von sechs Grundprinzipien und nicht auf einer vorgeschriebenen Reihe von Praktiken oder Verfahren. Diese Prinzipien können über mehrere Settings hinweg verallgemeinert werden, auch wenn Terminologie und Anwendung möglicherweise setting- oder kontextspezifisch sind. Diese Grundprinzipien sind:

1. Sicherheit
2. Vertrauenswürdigkeit und Transparenz
3. Peer-Support
4. Zusammenarbeit und Gegenseitigkeit
5. Empowerment, Agency und Wahlmöglichkeit
6. kulturelle, historische und geschlechtsspezifische Aspekte

Im Folgenden werden diese Grundprinzipien auf den pädagogischen Kontext angewandt.

Sicherheit: Das erste Grundprinzip eines Trauma-informierten pädagogischen Ansatzes ist die Sicherheit. In der gesamten Schulorganisation sollten sich alle, einschließlich der Lehrer*innen und Schüler*innen, physisch und psychisch sicher fühlen. Die physische Umgebung sollte sicher sein und zwischenmenschliche Interaktionen sollten ein Gefühl der Sicherheit fördern. Das Verständnis von Sicherheit, wie sie von den betroffenen Schüler*innen definiert wird, soll hohe Priorität haben.

Vertrauenswürdigkeit und Transparenz: Der Schulbetrieb und die Entscheidungen sollten mit Transparenz durchgeführt werden, um das Ver-

3.3 Trauma-Informiertheit in pädagogischen Kontexten

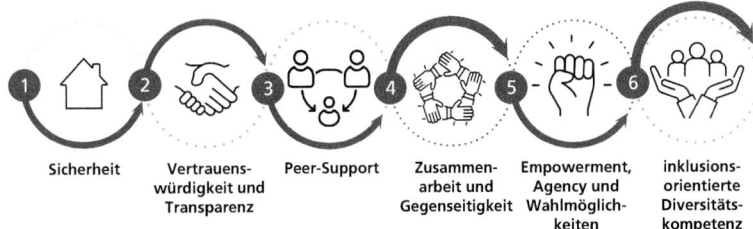

Abb. 3.2: Grundsätze Trauma-informierter Pädagogik (in Anlehnung an SAMHSA, 2023, S. 8)

trauen aller Beteiligten im schulischen Kontext aufzubauen und zu erhalten.

Peer-Support: Peer-Support und gegenseitige Selbsthilfe sind wichtige Instrumente, um Sicherheit zu schaffen und Vertrauen aufzubauen, die Zusammenarbeit zu verbessern und die Geschichten und Erfahrungen der Betroffenen zu nutzen, um die Genesung und Heilung zu fördern. Der Begriff »Peers« bezieht sich auf Personen mit eigenen Traumaerfahrungen oder, im Falle von Kindern, auf Familienmitglieder von Kindern, die traumatische Ereignisse erlebt haben und wichtige Bezugspersonen für ihre Genesung sind.

Zusammenarbeit und Gegenseitigkeit: Es sollte Wert auf Zusammenarbeit und den Ausgleich von Machtunterschieden zwischen allen Beteiligten im schulischen Kontext gelegt werden. Es sollte gezeigt werden, dass Heilung in Beziehungen und in der sinnvollen Teilung von Macht und Entscheidungsfindung stattfindet. Die Schule sollte anerkennen, dass jeder eine Rolle in einem Trauma-informierten Ansatz zu spielen hat.

Empowerment, Agency und Wahlmöglichkeiten: In der gesamten Schule und bei allen Mitgliedern der Schulorganisation sollten die Stärken und Erfahrungen des*der Einzelnen anerkannt und ausgebaut werden. Die Schule sollte den Glauben an die Vorrangstellung der Menschen bei der Resilienz und an die Fähigkeit von Einzelpersonen, Organisationen und Gemeinschaften fördern, sich von Traumata zu heilen. Die Schule sollte verstehen, dass die Erfahrung von Trauma ein verbindender Aspekt im Leben derjenigen sein kann, die in unterschiedlichen Rollen an der Schule beteiligt sind. Die Schule sollte sich der Bedeutung von Machtgefällen und der Art und Weise bewusst sein, wie Schüler*innen historisch in ihrer Mitsprache und Entscheidungsfreiheit eingeschränkt und oft unter Zwang behandelt wurden. Die Schüler*innen sollten bei der gemeinsamen Entscheidungsfindung, Wahlmöglichkeit und Zielsetzung unterstützt werden, um den Aktionsplan zu bestimmen, den sie benötigen, um voranzukommen. Sie sollten dabei unterstützt werden, ihre Fähigkeiten zur Selbsthilfe zu kultivieren. Auch die Lehrpersonen sollten durch angemessene organisatorische Unterstützung in die Lage versetzt werden, ihre Arbeit so gut wie möglich zu erledigen. Dies ist ein gegenseitiger Prozess, denn die Lehrpersonen müssen sich ebenso sicher fühlen.

Inklusionsorientierte Diversitätskompetenz entlang gesellschaftlicher Heterogenitätskategorien: Die Schule sollte als eine Organisation betrachtet werden, die aktiv gegen kulturelle Stereotype und Vorurteile (z. B. aufgrund von sozioökonomischem Status, sexueller Orientierung, Alter, Religion, Herkunft, Geschlechtsidentität usw.) vorgeht, Zugang zu geschlechtsinformierten Angebote bietet, Richtlinien und Prozesse einführt, die auf die unterschiedlichen Bedürfnisse der Schüler*innen eingehen, und historische Kontexte berücksichtigt.

3.3.2 Merkmale Trauma-informierter Lehr-/Lernumgebungen

Trauma-informierte Lehr-/Lernumgebungen weisen viele verschiedene Merkmale auf. Im Allgemeinen bedeutet Trauma-Informiertheit, Empathie zu zeigen, eine vorhersehbare Struktur beizubehalten, Wahlmöglichkeiten für die Teilnahme anzubieten, die den Schüler*innen das Gefühl geben, die Kontrolle über ihr Leben zu haben, Vorkehrungen gegen Retraumatisierung zu treffen, Sicherheit zu bieten und einen stärkenbasierten Ansatz zu verwenden, um den von Trauma betroffenen Schüler*innen zu helfen, ihre Kompetenzen weiterzuentwickeln. Indem wir uns um die Umsetzung Trauma-informierter Praktiken bemühen, können wir allen Schüler*innen helfen, gesunde, positive und vertrauensvolle Beziehungen aufzubauen.

Eines der ersten Merkmale einer Trauma-informierten Lehr-/Lernumgebung ist die Schaffung eines Umfelds, in dem Empathie gezeigt wird. Eine Lehr-/Lernumgebung muss ein sicherer Ort sein, der durch eine

3.3 Trauma-Informiertheit in pädagogischen Kontexten

grundsätzlich wertschätzende und auf die Bedürfnisse empathisch ausgerichtete Grundhaltung geprägt ist (Brisch & Hellbrügge, 2009). Meyers et al. (2019) erklären, dass Lehrkräfte Empathie zeigen, wenn sie darauf hinarbeiten, die persönlichen und sozialen Situationen der Schüler*innen in ihrer Tiefe zu verstehen, Fürsorge und Mitgefühl als Reaktion auf die positiven und negativen Emotionen der Schüler*innen zu empfinden und mit Mitgefühl zu reagieren, ohne den Fokus auf das Lernen der Schüler*innen zu verlieren. Die Empathie der Lehrpersonen wird den Schüler*innen durch die Lehrinhalte sowie durch das Verhalten der Lehrpersonen gegenüber den Schüler*innen vermittelt.

In einer Trauma-informierten Lernumgebung werden diejenigen mit Traumaerfahrungen nicht retraumatisiert oder für ihre Bemühungen um die Bewältigung ihrer traumatischen Reaktionen verantwortlich gemacht, sondern es wird eine Botschaft der Hoffnung und des Optimismus vermittelt. In einer Trauma-informierten Lernumgebung werden alle Menschen als einzigartige Individuen betrachtet, von denen einige extreme Situationen erlebt haben und so gut wie möglich damit umgegangen sind (Kazelman, 2021). Wie Quack und Fremmer erklären »Wir möchten den Jugendlichen, uns selbst und allen am Erziehungsprozess Beteiligten wertschätzend begegnen« (Quack & Fremmer, 2017, S. 661). Alle mit Traumaerfahrungen sollen sich in einer Trauma-informierten Lehr-/Lernumgebung willkommen, angenommen und zugehörig fühlen. Die unter hochbelastenden Bedingungen vollbrachten Entwicklungsleistungen sollen gewürdigt, die Bedürfnisse wahrgenommen und die Grenzen respektiert werden (ebd.).

Darüber hinaus erfordert Trauma-Informiertheit einen kulturellen und philosophischen Wandel in allen Bereichen einer Organisation. Traumainformierte Lernumgebungen verstehen die Dynamik von traumatischem Stress, Überlebende im Kontext ihres Lebens und die Rolle von Bewältigungsstrategien. Sie zeichnen sich durch Sicherheit vor Schaden und Retraumatisierung aus, legen den Schwerpunkt auf den Aufbau von Stärken und den Erwerb von Fähigkeiten statt auf die Behandlung von Symptomen. Zudem fördern sie eine echte Zusammenarbeit und Machtteilung zwischen allen Beteiligten (Wuttig, 2017).

Zusammenarbeit und Machtteilung erfordern Teilhabe. Eine Trauma-informierte Lehr-/Lernumgebung soll den Lernenden eine größtmögliche Teilhabe ermöglichen.

Sie sollen in einem geschützten Rahmen Autonomie und Kompetenz genießen, damit sie schrittweise wieder Vertrauen in sich und ihre Fähigkeiten entwickeln können (Quack & Fremmer, 2017). Trauma-Informiertheit kann die Gestaltung geschützter Lehr-/und Lernumgebungen unterstützen, in denen alle Beteiligten an bewältigbaren emotionalen, kognitiven und sozialen Anforderungen wachsen können (Weiß, 2009).

Die US-amerikanische Substance Abuse and Mental Health Services Administration (SAMHSA), die von einer Trauma-informierten Lehr-/Lernumgebung spricht, formuliert »4 Rs«, die als Voraussetzungen für eine Trauma-informierte Lernumgebung gesehen werden können. Folgende Punkte werden hierfür angeführt:

1. realize
2. recognize
3. respond
4. resist retraumatization
(SAMHSA, 2023, S. 9)

Diese vier pädagogischen »Imperative« nach SAMHSA werden durch einen weiteren erweitert, nämlich »reflect«, das für die weiteren Überlegungen eine wichtige Rolle spielt. Demnach sind die 5-R-Kompetenzen der Trauma-informierten pädagogischen Praxis folgende:

1. *Reflect:* Reflektieren bedeutet, sich bewusst mit der eigenen Betroffenheit auseinanderzusetzen und Selbstregulation zu üben, um Übertragung und Gegenübertragung zu vermeiden. Der Ausgangspunkt ist immer die Reflexion des eigenen Erlebens und das Wahrnehmen der eigenen Unterrichtstätigkeit. Lehrer*innen und pädagogische Fachkräfte müssen sich ihrer eigenen emotionalen Reaktionen bewusst werden, insbesondere wenn sie mit Betroffenen arbeiten. Diese Selbstreflexion hilft ihnen, ihre eigenen Vorurteile und emotionalen Reaktionen zu erkennen und zu steuern, um eine professionelle und unterstützende Beziehung zu den Schüler*innen aufzubauen. Die Fä-

higkeit zur Selbstregulation ist entscheidend dafür, in stressigen Situationen ruhig und besonnen zu bleiben und somit eine stabile und sichere Lernumgebung zu schaffen.
2. *Realize:* Ein machtkritischer Blick auf die Gesellschaft und ihre Systeme sowie auf Diskursräume ist wesentlich. Realize bedeutet, dass alle Beteiligten – Schulleitung, Lehrpersonen, Eltern – ein Basiswissen über Traumata aufweisen und dadurch verstehen, welche Auswirkungen Traumata auf Betroffene und die verschiedenen Lebensbereiche haben können. Dieses Wissen umfasst nicht nur die direkten Auswirkungen auf das Verhalten und die Emotionen der Schüler*innen, sondern auch die langfristigen Folgen auf ihre sozialen und akademischen Fähigkeiten. Durch die Schulung aller Beteiligten im Wissen um Trauma können Schulen eine Sensibilität für die Bedürfnisse traumatisierter Schüler*innen entwickeln und strukturelle Veränderungen einleiten, um deren Wohlbefinden zu fördern.
3. *Recognize:* Recognize bezieht sich auf die Fähigkeit, Anzeichen und Symptome eines Traumas zu erkennen. Dazu gehört ein Verständnis für die verschiedenen Formen und Ausdrucksweisen von Trauma, die sich in körperlichen, emotionalen und Verhaltenssymptomen manifestieren können. Pädagog*innen müssen geschult werden, um subtile Zeichen von Trauma zu identifizieren, wie zum Beispiel Rückzug, erhöhte Reizbarkeit, Konzentrationsschwierigkeiten oder plötzliche Verhaltensänderungen. Dieses Wissen ermöglicht es ihnen, frühzeitig Unterstützung anzubieten und geeignete Maßnahmen zu ergreifen, um die Schüler*innen zu schützen und zu unterstützen. Ein tiefes Verständnis von Trauma und seinen Auswirkungen auf die Gesellschaft trägt zur Entwicklung einer trauma literacy bei, die es Schulen ermöglicht, effektive und empathische Strategien zu implementieren.
4. *Respond:* Respond bedeutet, auf Trauma angemessen zu reagieren, indem vorhandenes Wissen und Fähigkeiten in den Schulalltag implementiert werden. Hierzu gehört die Entwicklung von Strategien zur Unterstützung von Betroffenen, wie zum Beispiel die Bereitstellung von sicheren Räumen, in denen sie ihre Emotionen ausdrücken können, und die Implementierung unterstützender disziplinarischer Ansätze. Lehrkräfte müssen lernen, mit Ambiguitätstoleranz umzugehen, um Distanz zu schaffen und nicht in eine emotionale Verstrickung mit

den traumatischen Erfahrungen der Schüler*innen zu geraten. Eine wohlüberlegte und informierte Response kann dazu beitragen, das Vertrauen der Schüler*innen zu stärken und ihnen zu helfen, ihre belastenden Erlebnisse zu bewältigen.

5. *Resist:* Strukturelle Kompetenz dafür zu entwickeln, Veränderungen einzuleiten und Retraumatisierung sowie die Perpetuierung von Trauma zu verhindern, ist essenziell. Resisting retraumatization bedeutet, unterstützende Maßnahmen zu ergreifen, um mögliche Auslösefaktoren negativer Erinnerungen oder Gefühle zu reduzieren. Dies kann sich zum Beispiel durch das Abändern oder Weglassen der Pausenglocke zeigen, um schrille und plötzliche Geräusche und somit potenzielle Trigger zu vermeiden. Schulen sollten sich darauf konzentrieren, ein »*Trauma-Team*« zu entwickeln, dessen Mitglieder als Fürsprecher*innen für traumatisierte Schüler*innen agieren. Dies beinhaltet auch das Engagement für kontinuierliche Schulungen und die Schaffung von Richtlinien, die auf die besonderen Bedürfnisse dieser Schüler*innen eingehen. Durch diese Maßnahmen kann eine unterstützende Lernumgebung geschaffen werden, die mehr Sicherheit bietet, das Risiko der Retraumatisierung minimiert und das allgemeine Wohlbefinden der Schüler*innen fördert.

Abb. 3.3: Merkmale Trauma-informierter Lehr-/Lernumgebung nach SAMHSA (2023, S. 8)

3.3.3 Mythen und Fehlkonzepte zu Trauma in pädagogischen Kontexten

Die Forschungen von Astleithner et al. (2021) zeigen klar, dass Bildungsungleichheiten in unseren Bildungssystemen ungefiltert und ungehemmt weitervererbt werden. Analog dazu verhält es sich mit Trauma: In Trauma-ignoranten schulischen Kontexten wird Trauma ebenfalls ungefiltert an alle Beteiligten weitergegeben und sogar verstärkt.

Trotz dieser diskursiven Trauma-Ignoranz tauchen die Zuschreibungen »traumatisch« oder »traumatisiert« im Bildungsdiskurs immer wieder auf und schlagen sich insbesondere in den Schlagzeilen des letzten Jahrzehnts im Zusammenhang mit den angesprochenen multiplen Krisen nieder. Ein genauerer Blick auf diese Zuschreibungen zeigt, wie viele Mythen und Fehlkonzepte damit verbunden sind. Grundsätzlich wird Trauma als ein von außen in den schulischen Kontext hereingetragenes Thema betrachtet. Schulen werden im Diskurs als neutrale Räume konstruiert, die der Heilung dienen sollen, wobei das Trauma von den Schüler*innen mitgebracht wird. Dabei wird oft vergessen, dass auch Lehrer*innen traumatische Erfahrungen machen und mitbringen können. Außerdem wird das Trauma häufig im Sinne eines *Othering* den Anderen zugeschrieben, wobei es sich meist um Schüler*innen handelt, die durch die Zuschreibung des Migrationshintergrundes zu Migrations-Anderen (Mecheril, 2003) oder Bildungs-Anderen (Mecheril, 2010) zusätzlich in eine Opferrolle gedrängt werden.

Othering

Der Begriff des »Othering« ist zentral in Saids Kritik am Kolonialismus und ein wesentlicher Bestandteil seines einflussreichen Werks »Orientalismus« (Said, 1978). Othering bezeichnet den Prozess, durch den dominante Gruppen diejenigen definieren und marginalisieren, die sie als andersartig oder minderwertig wahrnehmen. Aus einer dekolonialen Perspektive zeigt Said auf, wie westliche Kolonialmächte den »Orient« als exotischen, rückständigen »Anderen« im Gegensatz zum rationalen, zivilisierten »Westen« konstruierten. Dieses binäre Schema rechtfertigte nicht nur die koloniale Herrschaft, sondern perpetuierte auch Stereotype und kulturelle Hegemonie. Saids Analyse verdeutlicht, wie diese Darstellungen zur Aufrechterhaltung von Machtstrukturen und Kontrolle über kolonialisierte Regionen genutzt wurden, und betont die Notwendigkeit, diese auferlegten Identitäten zu hinterfragen und zu dekonstruieren, um dekoloniale Befreiung zu erreichen. Das Konzept des Othering ist ebenso zentral für die Inklusionsforschung und verdeutlicht, wie soziale, politische und kulturelle Strukturen dazu beitragen, Ungleichheiten zu reproduzieren und die Teilhabe bestimmter Gruppen zu verhindern (David, 2014; Phoenix, 2014; Yuval-Davis, 2011).

Die Umsetzung eines Trauma-informierten Ansatzes in einem pädagogischen Kontext sieht sich mit mehreren Mythen konfrontiert, die Lehrpersonen zögern lassen, Trauma-informierte Praktiken anzuwenden. Eine dieser Mythen ist, dass die Anwendung Trauma-informierter Methoden im pädagogischen Kontext eine Verwässerung des Lehrplans und eine Herabsetzung der akademischen Erwartungen bedeuten würde. Traumainformierter Unterricht erfordert jedoch keine Herabsetzung der Standards. Ein Trauma-informierter pädagogischer Ansatz würde konsistente und hohe Erwartungen aufrechterhalten und gleichzeitig den Schüler*innen helfen, Kompetenzen und Selbstvertrauen aufzubauen, um Negativem mit positiven Erfahrungen zu begegnen. Wie Carello und Butler (2015) vorschlagen, sollte dieser Ansatz die emotionale Sicherheit der Schüler*innen als wesentlich für das Lernen anerkennen und sich bewusst machen, dass eine traumatische Vorgeschichte die akademische Leistung der Schüler*innen beeinflussen kann, auch wenn Trauma kein Thema im Unterricht ist, und bei Bedarf sollten die Schüler*innen an eine Beratungsstelle verwiesen werden.

Ein weiterer Mythos besagt, dass Lehrkräfte Expert*innen für psychische Gesundheit sein müssen, um einen Trauma-informierten Unterricht durchzuführen, oder dass nur Expert*innen für psychische Gesundheit an dem Prozess beteiligt sein sollten. Um Trauma-informiert zu sein, muss man kein*e Expert*in für psychische Gesundheit sein. Trauma-informiert zu sein, beginnt mit der Erkenntnis, dass jeder Mensch vergangene und

3.3 Trauma-Informiertheit in pädagogischen Kontexten

gegenwärtige Erfahrungen hat, die sich auf das Lehren und Lernen auswirken können. Trauma-informierte Pädagog*innen erkennen, dass die Handlungen der Schüler*innen eine direkte Folge ihrer Lebenserfahrungen sind. Wenn Schüler*innen sich danebenbenehmen oder aus der Reihe tanzen, fragen sie nicht »Was ist los mit dir?«, sondern »Was ist mit dir passiert?«.

Mythen und Fehlkonzepte rund um Trauma und Schule

Trotz der zunehmenden Aufmerksamkeit für das Thema Trauma im Bildungsbereich gibt es viele Missverständnisse und Mythen, die sowohl Resilienz als auch Salutogenese verhindern. Diese Mythen führen oft zu Fehlinterpretationen und unangemessenen Reaktionen im schulischen Umfeld. Im Folgenden werden einige der häufigsten Mythen rund um Trauma und dessen Auswirkungen im schulischen Kontext dargestellt.

1. *Trauma wird oft fälschlicherweise mit ausschließlich destruktivem Verhalten bei betroffenen Schüler*innen assoziiert:* Es herrscht die weitverbreitete Annahme, dass traumatisierte Schüler*innen zwangsläufig destruktive Verhaltensweisen zeigen. Dabei wird jedoch übersehen, dass viele traumatisierte Personen adaptive Bewältigungsmechanismen entwickeln, wie beispielsweise eine Anpassung und im Ergebnis eine überdurchschnittliche Leistungsbereitschaft (van der Kolk, 2014).
2. *Es gibt die weitverbreitete Annahme, dass Trauma nur spezifische Gruppen wie Migrations-Andere, Flucht-Andere oder Schicht-Andere betrifft:* In Wahrheit sind jedoch Menschen aus sämtlichen Gesellschaftsschichten davon betroffen. Eine Metaanalyse von Brewin, Andrews und Valentine (2000) zeigt, dass Trauma über verschiedene Bevölkerungsgruppen hinweg verbreitet ist und keine spezifischen sozialen oder kulturellen Grenzen kennt.
3. *Es besteht die weitverbreitete Annahme, dass Trauma-bezogene Interventionen ausschließlich für Schüler*innen relevant sind und nicht für Lehrpersonen:* In Wirklichkeit sind jedoch auch Lehrkräfte von den

Auswirkungen von Trauma betroffen und benötigen entsprechende Unterstützung. Forschungen haben gezeigt, dass auch Lehrpersonen unter (sekundärem) Trauma und Stress leiden können, wodurch ihre eigene Gesundheit und die Qualität des Unterrichts beeinträchtigt werden (Hydon et al., 2015).

4. *Trauma ist der »Rucksack«, den die Betroffenen von draußen in die Schule mitnehmen:* Es herrscht die Vorstellung, dass Trauma von außen in die Schule eingebracht wird und die Schule selbst kein Traumapotenzial birgt. Dabei wird jedoch oft übersehen, dass Schulen nicht nur bestehende Traumaerfahrungen verstärken können, sondern dass Erfahrungen von Ohnmacht, Willkür und Intransparenz innerhalb des schulischen Umfelds auch neue Traumata verursachen können. Forschungsergebnisse belegen, dass schulische Umgebungen durch bestimmte Praktiken und Strukturen zur Entstehung und Verstärkung von Trauma beitragen können (O'Toole & Friesen, 2016).

5. *Die Berücksichtigung von Trauma wird oft als zusätzliche Belastung für (Fach-)Lehrkräfte wahrgenommen:* Viele Lehrkräfte empfinden die Integration von Trauma-bezogenen Ansätzen in ihren Unterricht als zusätzliche Belastung. Forschungen zeigen jedoch, dass eine Trauma-informierte Herangehensweise nicht nur den Schüler*innen zugutekommt, sondern auch das Wohlbefinden der Lehrkräfte fördern kann. Thomas, Crosby und Vanderhaar (2019) betonen, dass Trauma-informiertes Unterrichten langfristig zu positiven Veränderungen in der gesamten Schulumgebung beiträgt und die Belastung für Lehrkräfte reduziert. Berger et al. (2016) belegen, dass Trauma-informierte Ansätze sekundären traumatischen Stress (STS) bei Lehrkräften wirksam reduzieren können. Umfassende Trauma-informierte Programme, die Lehrkräfte, Schulleitungen und Mitarbeiter*innen im Bereich der psychischen Gesundheit einbeziehen, haben ihre Wirksamkeit bei der Verhinderung von Burn-out und sekundären Traumata gezeigt. Diese Programme betonen die Bedeutung der gemeinsamen Verantwortung bei der Unterstützung traumatisierter Schüler*innen und verringern die Gesamtbelastung

einzelner Lehrkräfte, wodurch das Risiko eines sekundären Traumas gemindert wird.

3.3.4 Trauma als Brille statt als Etikettierung

Zusammenfassend kann festgehalten werden, dass Trauma-Informiertheit vor allem eine Frage der Haltung und der Einstellung der pädagogisch Handelnden ist. Ein Trauma-informierter Zugang erfordert nicht die individuelle Zuschreibung des Labels »traumatisiert«. Dies wird gestützt durch die Forschung von Elliott et al., die im Kontext der wissenschaftlichen Begleitung von Frauenhäusern feststellen:

> »Since providers have no way of distinguishing survivors from nonsurvivors, best practices are those that treat all women as if they might be trauma survivors, relying on procedures that are most likely to be growth-promoting and least likely to be retraumatizing« (Elliott et al., 2005, S. 463).

Aus dieser Erkenntnis ergibt sich der Leitsatz »Trauma as a lens, not as a label«, der von Venet (2018) geprägt wurde. Ihr Handbuch »Equity-centered trauma-informed education« stellt damit ein bedeutendes Referenzwerk dar.

Venet betont in ihrem Buch, dass Trauma nicht als statische Zuordnung oder Etikettierung verwendet werden sollte, sondern vielmehr als eine Perspektive zur Betrachtung der Erfahrungen von Schüler*innen. Sie ermutigt Pädagog*innen dazu, über das reine Etikettieren von Schüler*innen aufgrund ihres Traumas hinauszugehen und zu reflektieren, wie institutionelle Strukturen innerhalb von Schulen dazu beitragen können, Trauma zu verstärken oder aber zu mindern. Dabei kritisiert sie, dass typische Reaktionen auf Verhaltensweisen von Schüler*innen, die aus Traumata resultieren, wie etwa Distanzierung oder Fehlverhalten, oft zu unbeabsichtigten disziplinarischen Maßnahmen führen.

Um diesen Herausforderungen zu begegnen, plädiert Venet für einen universellen Ansatz zur Trauma-informierten Pädagogik. Dieser stellt die Anerkennung der Menschlichkeit aller im pädagogischen Setting Handelnden in den Vordergrund, unabhängig davon, ob ihr Trauma sofort erkennbar ist. Sie schlägt vor, sozial-emotionale Unterstützungsangebote für Schüler*innen ohne unnötige Barrieren zugänglich zu machen. Dazu gehört sicherzustellen, dass Informationen über verfügbare Ressourcen deutlich sichtbar sind, über Schulwebseiten zugänglich sind oder von Lehrkräften effektiv kommuniziert werden.

Venet weist auf das Risiko hin, dass leistungsstarke Schüler*innen, die von Trauma betroffen sind, übersehen werden könnten, und warnt davor, ihre Bewältigungsmechanismen mit Resilienz zu verwechseln. In Bezug auf die Beziehungen zu den Schüler*innen betont sie die Bedeutung von Geduld und Engagement beim Aufbau von Vertrauen. Sie schlägt vor, dass Pädagog*innen ihre Erwartungen anpassen und verstehen sollten, dass es Zeit braucht, um bedeutungsvolle Verbindungen herzustellen, oft viel länger als ursprünglich erwartet. Dieser Ansatz fördert Beziehungen, die auf Gerechtigkeit basieren, in denen sich Schüler*innen unabhängig von deren Hintergrund oder den Herausforderungen, mit denen sie konfrontiert sind, wertgeschätzt und unterstützt fühlen.

3.4 Trauma-Informiertheit als Baustein inklusiver Schule und Schulentwicklung

Inklusive Bildung ist in der politischen Rhetorik und in den gesetzlichen Vorgaben verankert, die sich für die Schaffung effektiver, nicht-diskriminierender und möglichst wenig einschränkender Lernumgebungen einsetzen, um den Bedürfnissen der unterschiedlichen Lernenden aufgrund von Behinderungen gerecht zu werden (UN, 2008). Die frühere Engführung auf Behinderung und Mainstreaming hat sich mit der Zeit aufgelöst und inklusive Bildung umfasst nun die Bildung aller Kinder im breiteren Kontext der Vielfalt der Lernenden, der Menschenrechte und der sozialen Gerechtigkeit, mit besonderem Augenmerk auf Schüler*innen mit Behinderungen (Ainscow et al., 2006).

Da die Perspektiven der inklusiven Bildung die Notwendigkeit hervorheben, evidenzbasierte pädagogische Praktiken anzuwenden, um den

3.4 Trauma-Informiertheit als Baustein inklusiver Schule

Bedürfnissen von Schüler*innen mit sonderpädagogischem Förderbedarf und/oder Behinderungen gerecht zu werden, sollten empirisch validierte Verbindungen zwischen Trauma und Behinderung in die Theorien, Strategien und Praktiken der inklusiven Bildung einfließen (Miller & Santos, 2020). Trauma hat viele Dimensionen und Erscheinungsformen, die von somatischen/medizinischen, psychologischen, sexuellen, kulturellen, historischen, trans-/intergenerationalen, strukturellen (z. B. Rassismus, Behinderung) und anderen Dimensionen reichen, die der Behinderung und Beeinträchtigung vorausgehen, mit ihr koexistieren und ihre Folge sind (Liasidou, 2022a). Ein Trauma kann als einschränkender Faktor betrachtet werden (Thomas, 2013), da empirisch nachgewiesen wurde, dass es die physiologischen, kognitiven und psychologischen Funktionen beeinträchtigen kann (Levenson, 2017).

Darüber hinaus ist Trauma eine Frage der Gerechtigkeit: Es kann den Bildungserfolg beeinflussen und trifft unverhältnismäßig benachteiligte Schüler*innen, unter anderem solche mit Behinderungen, in Armut lebende, LGBTIAQ+-Schüler*innen und andere, die von Marginalisierung betroffen sind (Ellis, 2017). Die Unterstützung des Rechts junger Menschen auf vollständiges Lernen durch inklusive Bildung erfordert einen grundlegenden Wandel in der Art und Weise, wie wir schwierige Verhaltensweisen und Lernschwierigkeiten im Klassenzimmer betrachten. Traumata in der Kindheit sind zunehmend ein weitverbreitetes Phänomen und werden als »versteckte Gesundheitskrise« bezeichnet, die nur angegangen werden kann, wenn »die Bedeutung der Prävention von Kindheitstraumata« (Thomas et al., 2019, S. 424) anerkannt und in theoretische, politische und praktische Dimensionen der inklusiven Bildung eingebettet wird. inklusive Theorien sollten daher die »behindernde(n) Bedingung(en)« traumatischer Erfahrungen in Verbindung mit sozialen Ungleichheiten, Machtungleichgewichten und Menschenrechtsverletzungen und deren Auswirkungen auf die Entstehung, Verkomplizierung und Verschlimmerung von Behinderungen anerkennen (Tuchinda, 2020).

Trauma-Informiertheit würde somit eine inklusive Lehr-/Lernumgebung für Schüler*innen und ihre Familien schaffen, die ein Trauma oder eine Ausgrenzung erlebt haben oder bei denen eine höhere Wahrscheinlichkeit besteht, dass sie ausgegrenzt werden. Trauma-Informiertheit würde

3 Trauma-informierte pädagogische Ansätze

- ein sicheres und berechenbares Umfeld schaffen,
- Schüler*innen befähigen,
- sich für eine Trauma-informierte Schulkultur einsetzen,
- schulische Verbundenheit aufbauen.

Der Zusammenhang zwischen Trauma-Informiertheit und Inklusion kann wie folgt zusammengefasst werden:

- ganzheitlicher Bildungsansatz: ein umfassender Zugang zum Lernen und ein ganzheitlicher Blick auf die Schüler*innen
- gleichberechtigte Teilhabe: Förderung der Inklusion und Abbau von Machtverhältnissen, weg von Segregation hin zu inklusiven Räumen
- fraglose Zugehörigkeit: Ermöglichung diskriminierungsfreier Partizipation
- sichere Schule: Sicherstellung der körperlichen, emotionalen und mentalen Integrität aller Beteiligten
- Befähigung und Ermächtigung: Alle Akteur*innen sind in der Lage, den Lehr- und Lernprozess aktiv mitzugestalten.

Eine stetig wachsende Zahl von Forschungsergebnissen unterstützt die Idee, dass die Ziele der Inklusion durch einen Trauma-informierten Ansatz besser erreicht werden können. Ein Trauma-informierter pädagogischer Ansatz betont das Verständnis und die Beruhigung der Stressreaktion, neben einem robusten sozialen und emotionalen Lehrplan, der durch gezielte Beziehungsarbeit vermittelt wird (Brunzell et al., 2019). Der Trauma-informierte pädagogische Ansatz erkennt an, dass viele Schüler*innen mit Herausforderungen konfrontiert sind, die sich auf das Lernen auswirken, und dass Schulen spezielle Strategien anbieten können, um diese Schüler*innen sinnvoll zu unterstützen (Brunzell et al., 2016). Als Reaktion auf diesen aufkommenden Bereich der Trauma-informierten Praxis in Schulen wurde eine Fülle von Ressourcen und Rahmenwerken entwickelt, um auf die Bedürfnisse von traumatisierten Jugendlichen in Schulen einzugehen (▶ Kap. 4).

3.4 Trauma-Informiertheit als Baustein inklusiver Schule

Aufgaben zur Vertiefung

1. Wie würden Sie eine Trauma-informierte Schule charakterisieren? Welche Ressourcen sind notwendig, um diese umzusetzen? Wo kann begonnen werden?
2. Setzen Sie sich mit der These auseinander, dass Trauma-Informiertheit ein Baustein inklusiver Schul(entwicklung) ist. Wie können die Merkmale der Trauma-Informiertheit ein Teil inklusiven Schullalltags werden?

4 Schule als Trauma-informierter Ort

Worum es geht ...

Im Anschluss an die theoretische Fundierung von trauma-informed care (▶ Kap. 3.2) richtet sich der Fokus dieses Kapitels auf die Anwendung von Trauma-Informiertheit im schulischen Kontext. Der Schwerpunkt liegt dabei auf der Gestaltung einer Trauma-informierten Schul- und Klassenraumkultur. Der Übergang von der Theorie zur Praxis wird durch eine prozessorientierte Anleitung unterstützt, die eine systematische Implementierung ermöglicht. In diesem Zusammenhang werden die zentralen Merkmale einer Trauma-informierten Schulpraxis umfassend dargestellt. Abschließend wird die Entwicklung einer Trauma-informierten Schulkultur sowie einer Trauma-informierten Klassenraumkultur behandelt, wobei der praxisorientierte Ansatz dieses Handbuchs durch konkrete Handlungsempfehlungen für eine erfolgreiche Unterrichtspraxis ergänzt wird.

4.1 Trauma-informierte Schulpraxis

Wenn Schulen die pädagogischen, sozialen, emotionalen und psychologischen Auswirkungen von Traumata verstehen und ihren Ansatz entsprechend anpassen, können sie zu sicheren, unterstützenden Umgebungen werden. In diesen können Schüler*innen positive Beziehungen zu

Erwachsenen und Gleichaltrigen aufbauen. Sie lernen, ihre Emotionen zu verstehen, sich zu konzentrieren und entwickeln Selbstvertrauen, um erfolgreich zu lernen. Schulen können Trauma-informierte Ansätze zu einem festen Bestandteil ihrer pädagogischen Ausrichtung und Praxis machen. Obwohl ein Trauma-informierter Ansatz an jeder Schule unterschiedlich aussehen kann, hilft eine gemeinsame Definition dessen, was es bedeutet, eine Trauma-informierte Schule zu sein, Lehrkräfte, Eltern und politische Entscheidungsträger*innen zu einer gemeinsamen konkreten Vorstellung zusammenzuführen.

4.1.1 Merkmale der Trauma-informierten Schule

Laut der Trauma and Learning Policy Initiative (2024) sollte eine Trauma-informierte Schule folgende Merkmale aufweisen:

- Es besteht ein gemeinsames Verständnis von »Trauma-Informiertheit« im gesamten Personal.
- Die Schule unterstützt alle Schüler*innen dabei, sich physisch, sozial, und emotional sicher zu fühlen, um das eigene Lernpotenzial auszuschöpfen.
- Die Schule geht ganzheitlich auf die Bedürfnisse der Schüler*innen ein und berücksichtigt dabei ihre Beziehungen, ihre Fähigkeiten sowie ihr körperliches und emotionales Wohlbefinden.
- Die Schule bindet die Schüler*innen aktiv in die Schulgemeinschaft ein und bietet ihnen zahlreiche Möglichkeiten, ihre neu erworbenen Fähigkeiten zu üben. Die Schulgemeinschaft versteht sich als Gesamtheit aller involvierten Akteur*innen: neben Lehrenden, Schüler*innen und Schulleitung auch Eltern, Erziehungsberechtigte und außerschulische Bildungspartner*innen.
- Die Schule setzt auf Teamarbeit, wobei die Lehrkräfte gemeinsam Verantwortung für alle Schüler*innen tragen.
- Die Schulleitung und die Lehrkräfte antizipieren die sich ständig ändernden Bedürfnisse der Schüler*innen und passen sich ihnen an.

- Die Schule ermöglicht es den Lehrkräften, über ihre schulweiten Beziehungen zu reflektieren, die für ihr Wohlbefinden von Bedeutung sind.

Es besteht ein gemeinsames Verständnis von Trauma-Informiertheit. Voraussetzung für die Umsetzung einer Trauma-informierten Schule ist, dass Lehrkräfte, Berater*innen, schulmedizinisches Personal, Kantinenpersonal, Hausmeister*innen, Busfahrer*innen, Sozialarbeiter*innen, Sporttrainer*innen, Berater*innen für außerschulische Aktivitäten und weiteres Personal Verständnis dafür entwickeln, dass negative Erfahrungen im Leben von Kindern und Jugendlichen häufiger vorkommen, als viele von uns sich jemals vorstellen können. Das Personal weiß, dass Trauma Auswirkungen auf das Lernen, Verhalten und die Beziehungen in der Schule haben kann und, dass ein »gesamtschulischer« Ansatz erforderlich ist, um Trauma-informiert zu handeln.

Die Schule unterstützt alle Kinder dabei, sich physisch, sozial, und emotional sicher zu fühlen, um das eigene Lernpotenzial auszuschöpfen. Traumatische Reaktionen von Kindern und die damit verbundenen Schwierigkeiten in der Schule resultieren oft aus realen oder wahrgenommenen Bedrohungen ihrer Sicherheit, die ihr Wohlbefinden grundlegend beeinträchtigen. Der erste Schritt, um Schüler*innen trotz ihrer traumatischen Erfahrungen zu helfen, in der Schule erfolgreich zu sein, besteht darin, ihnen zu helfen, sich sicher zu fühlen – im Klassenzimmer, auf dem Spielplatz, in den Fluren, in der Cafeteria, im Bus, in der Turnhalle und auf dem Schulweg. Dies umfasst nicht nur physische Sicherheit, sondern auch soziale und emotionale Sicherheit, die nötig sind, um Risiken eingehen zu können und im Klassenzimmer zu lernen.

*Die Schule geht ganzheitlich auf die Bedürfnisse der Schüler*innen ein und berücksichtigt dabei ihre Beziehungen, ihre Fähigkeiten sowie ihr körperliches und emotionales Wohlbefinden.* Die Auswirkungen eines Traumas können allgegenwärtig sein und viele Formen annehmen. Die Art und Weise, wie ein Kind das traumatische Ereignis erlebt hat und sich präsentiert, kann seine Schwierigkeiten eher verschleiern als offenbaren. Um die zugrunde liegenden Bedürfnisse eines Kindes zu verstehen, ist eine umfassendere, ganzheitlichere Sichtweise erforderlich. Die Schüler*innen in folgenden Bereichen zu unterstützen kann ihre Chancen auf schulischen Erfolg

4.1 Trauma-informierte Schulpraxis

maximieren (Trauma and Learning Policy Initiative, 2024): (1) Beziehungen zu Lehrkräften und Peers, (2) Fähigkeit zur Selbstreflexion, das Erkennen und Verstehen von eigenen und fremden Emotionen sowie die bewusste Fokussierung und Stärkung der Aufmerksamkeit, (3) Erfolg in akademischen und nichtakademischen Bereichen sowie (4) körperliche und emotionale Gesundheit und Wohlbefinden. Eine Trauma-informierte Schule erkennt die untrennbare Verbindung zwischen diesen Bereichen an und verfügt über eine Struktur, die das Personal dabei unterstützt, die Bedürfnisse der Schüler*innen in allen Bereichen ganzheitlich zu fördern.

Die Schule bindet die Schüler*innen aktiv in die Schulgemeinschaft ein und bietet ihnen zahlreiche Gelegenheiten, neu erworbene Fähigkeiten zu üben. Der Verlust des Sicherheitsgefühls infolge traumatischer Ereignisse kann dazu führen, dass sich ein Kind von seiner Umgebung abkapselt. Kinder, die traumatische Erlebnisse hatten, wünschen sich oft von Schule, dass diese ihnen das Gefühl der Sicherheit zurückgibt und ihnen hilft, sich wieder mit der Schulgemeinschaft zu verbinden. Schulen können diesem Bedürfnis gerecht werden, indem sie eine Kultur der Akzeptanz und des Respekts fördern, in der alle Schüler*innen willkommen sind und lernen, die Bedürfnisse anderer zu respektieren. Es ist auch wichtig, individuelle Unterstützungsdienste und Maßnahmen anzubieten, die Kinder nicht von ihren Mitschüler*innen und vertrauten Erwachsenen isolieren, sondern ihnen helfen, vollwertige Mitglieder der Klassen- und Schulgemeinschaft zu sein.

Die Schule setzt auf Teamarbeit, wobei die Lehrkräfte gemeinsam Verantwortung für alle Schüler*innen tragen. Es ist ineffizient und überfordernd, von einzelnen Lehrkräften zu erwarten, dass sie die Herausforderungen des Traumas allein bewältigen. Eine Trauma-informierte Schule verabschiedet sich vom traditionellen Ansatz, bei dem Lehrkräfte die Hauptverantwortung für ihre jeweiligen Schüler*innen tragen, und fördert stattdessen ein Modell der gemeinsamen Verantwortung, das auf Teamarbeit und kontinuierlicher, effektiver Kommunikation in der gesamten Schule basiert. In einer Trauma-informierten Schule fragen sich Pädagog*innen nicht mehr »Was kann ich tun, um diesem Kind zu helfen?«, sondern »Was können wir als Gemeinschaft tun, um alle Kinder zu unterstützen, damit sie sich sicher fühlen und Teil der Schulgemeinschaft sind?«. Trauma-informierte Schulen tragen dazu bei, dass sich Lehrkräfte – und auch jenes Personal, das außerhalb der Schule mit den Lehrkräften zusammenarbeitet, als Teil einer starken und unterstützenden professionellen Gemeinschaft fühlen.

Die Schulleitung und die Lehrkräfte antizipieren die sich ständig ändernden Bedürfnisse der Schüler*innen und passen sich ihnen an. In einer Trauma-informierten Schule nehmen sich Lehrkräfte und Verwaltungsangestellte die Zeit, sich über Veränderungen in der lokalen Gemeinschaft zu informieren, damit sie neue Herausforderungen vorhersehen können, bevor sie entstehen. Sie planen vorausschauend, um auf Veränderungen in der Personalausstattung und in der Schulpolitik, die häufig vorkommen, vorbereitet zu sein. Trauma-informierte Schulen bemühen sich auch, flexibel und proaktiv auf diese Herausforderungen zu reagieren, damit das Gleichgewicht der Schule nicht durch unvermeidliche Verschiebungen und Veränderungen gestört wird.

Die Schule ermöglicht es den Lehrkräften, über ihre schulweiten Beziehungen zu reflektieren, die für ihr Wohlbefinden von Bedeutung sind. Die Schule legt nicht nur Wert auf das Wohlbefinden der Schüler*innen, sondern auch auf das der Lehrkräfte. Die Lehrkräfte sollten die Möglichkeit haben, über ihre Beziehungen im schulischen Kontext zu reflektieren.

4.1.2 Schule als sichere Lernumgebung – physisches und psychisches Wohlbefinden

Die Forderung nach mehr Sicherheit im schulischen Kontext soll nun konkret am Konzept der »sicheren Schule« ausgeleuchtet werden. In einer Welt, die auch als unsicher wahrgenommen werden kann, vor allem aus den Augen von Kindern und Jugendlichen, ist Schule als sicherer Ort, der Schutz und Halt bietet, von entscheidender Wichtigkeit (Siebert & Pollheimer-Pühringer, 2024). Doch in Expert*inneninterviews, durchgeführt von Baldus (2017) unter dem Titel »A safe place is only as safe as it feels« – Schulen als sichere Orte für traumatisierte Kinder«, äußerten sich Lehrende skeptisch zum Sicherheitspotenzial der Schule:

> »Die Befragten äußern sich [...] ambivalent. Zunächst führen sie aus, dass ›sichere Orte‹ in doppelter Hinsicht und in ihrem Wechselwirkungsverhältnis

4.1 Trauma-informierte Schulpraxis

zueinander zu verstehen sind: als physisch-räumliche Orte in einem Sozialraum, zum Beispiel der Schule, und als psychisch-emotionale Orte in einem inneren Raum – im Sinne innerer emotionaler Verfasstheiten. Beide Dimensionen des ›safe place‹ könnten zwar unabhängig voneinander erzeugt werden, die Existenz einer Dimension ziehe aber nicht automatisch die zweite nach sich. Ein Aspekt allein genüge nicht: ›It is a combination of both – feeling safe: the emotional and the physical aspect‹« (Baldus, 2017, S. 217).

Das Bedürfnis nach »Sicherheit« wird in schulischen Kontexten oft sehr unterschiedlich aufgefasst, abhängig von den Rollen und Perspektiven der Beteiligten. Auf der einen Seite neigen Schulleitungen dazu, Sicherheit vor allem im Sinne von rechtlicher Absicherung und Regelkonformität zu definieren. In dieser Sichtweise steht die Gewährleistung einer sicheren und geordneten Umgebung, die den rechtlichen Vorgaben entspricht, im Vordergrund, zum Beispiel Aufsichtspflicht. Diese Interpretation kann dazu führen, dass Entscheidungen getroffen werden, die zwar den formalen Anforderungen gerecht werden, jedoch nicht immer die individuellen Bedürfnisse der Schüler*innen und Lehrkräfte berücksichtigen.

Auf der anderen Seite steht der Lehrkörper, dessen Verständnis von Sicherheit häufig mit der Wahrung eigener beruflicher Interessen verknüpft ist. Lehrkräfte suchen in ihrer pädagogischen Arbeit nach Sicherheit, sei es durch klare Verhaltensregeln im Klassenzimmer, Schutz vor physischen und psychischen Übergriffen oder durch die Unterstützung der Schulleitung bei schwierigen disziplinären Entscheidungen. Diese Art von Sicherheit zielt darauf ab, ihre Fähigkeit zu schützen, effektiv und in einem sicheren Umfeld zu unterrichten.

Ein Trauma-informierter Blick, der sich vorrangig auf die Bedürfnisse der Schüler*innen konzentriert, aber alle (pädagogisch) Agierenden mitdenkt, darf diese unterschiedlichen Sicherheitsbedürfnisse nicht gegeneinander ausspielen. Vielmehr sollte er dazu anregen, ein ganzheitliches Verständnis von Sicherheit zu entwickeln, das alle Beteiligten einbezieht. Ein solcher Ansatz könnte beispielsweise darauf abzielen, sowohl die rechtliche Absicherung der Schule zu gewährleisten als auch ein Umfeld zu schaffen, in dem sich Lehrkräfte sicher fühlen und Schüler*innen ihre Integrität gewahrt sehen.

Ein Trauma-informierter Ansatz lädt alle Beteiligten ein, an einem System mitzudenken und mitzuwirken, das diesen vielfältigen Sicherheitsbedürfnissen gerecht wird. Er fördert ein Verständnis von Sicherheit, das sowohl die rechtlichen Rahmenbedingungen als auch die individuellen und kollektiven Bedürfnisse von Schüler*innen und Lehrkräften gleichermaßen respektiert und integriert. Indem ein solcher ganzheitlicher Ansatz verfolgt wird, kann die Schule zu einem Ort werden, der nicht nur Regelkonformität und rechtliche Sicherheit gewährleistet, sondern auch ein Gefühl von Geborgenheit und Unterstützung für alle Beteiligten schafft.

Während die zuletzt erwähnte physische Sicherheit durch Infrastruktur, Protokolle, Notfallpläne und Präventionskonzepte etabliert werden kann, geht es bei der emotionalen und psychologischen Sicherheit vor allem um das Schaffen einer Atmosphäre, in der die Beteiligten sich selbstwirksam fühlen. Es stellt sich an dieser Stelle also die Frage: Wie kann in einer Trauma-informierten Schule für mehr Sicherheit gesorgt werden, die über bloße Rechtssicherheit von Erwachsenen hinausgeht?

Zweifellos ist die Anpassung der physischen Schulumgebung zur Förderung von Sicherheit und Lernen grundlegend für Trauma-informierte Ansätze in der Bildung. Denn unabhängig vom konkreten Bildungskontext muss Sicherheit stets oberste Priorität haben, da sie maßgeblich die Fähigkeit der Schüler*innen beeinflusst, Beziehungen aufzubauen und am Lernprozess teilzunehmen. Wenn sich Schüler*innen sicher fühlen, können sie sich auf akademische Aufgaben fokussieren, Resilienz aufbauen und ihr allgemeines Wohlbefinden unterstützen. Umgekehrt können Schüler*innen in einer unsicheren Umgebung in einen Verteidigungsmodus übergehen, sich möglicherweise sozial zurückziehen oder aggressiv reagieren, um sich selbst zu schützen. All das ist nicht förderlich für den Lernprozess.

Deshalb erfordert die Berücksichtigung der Sicherheit innerhalb des Schulstandortes eine sorgfältige Prüfung mehrerer Komponenten: der physischen Infrastruktur (einschließlich Schulgebäude, Verwaltungsbüros, Klassenzimmer, Flure, Badezimmer, Spielplätze und Sporteinrichtungen), der Transportrouten (wie Schulbusse und Ausflugsorte) und des breiteren sozialen und emotionalen Umfeldes. Die Bewertung der Klassenzimmer hinsichtlich Sicherheit und der Optimierung der Lernbedingungen erfordert eine Analyse, wie jedes Element zur Ermöglichung von Lernen und zum Wohlbefinden der Schüler*innen beiträgt oder diese beeinträchtigt. Empfehlungen zur Schaffung sicherer und damit auch inklusiver Klassenzimmer könnten beispielsweise Feedback-Sitzungen mit Schüler*innen umfassen, in denen sie anonym äußern können, was ihrer Meinung nach die Lernumgebung verbessern würde. Dieser proaktive Ansatz zielt nicht nur darauf ab, sofortige Anliegen anzusprechen, sondern fördert auch ein kooperatives Umfeld, in dem sich Schüler*innen wertgeschätzt und unterstützt fühlen.

Die Etablierung von Routinen und die Aufrechterhaltung transparenter Kommunikation sind zentrale Strategien in Trauma-informierten Praktiken. Auch wenn die Schaffung von Vorhersehbarkeit in Krisenzeiten herausfordernd sein kann, baut konsistente und klare Kommunikation Vertrauen zwischen Verwaltung, Lehrkräften, Mitarbeiter*innen, Schüler*innen und Familien auf. Regelmäßige Updates, verständlich formuliert, versichern den Beteiligten, dass ihre Anliegen wahrgenommen und adressiert werden, was eine unterstützende Schulgemeinschaft fördert, die sich verpflichtet fühlt, Sicherheit als oberste Priorität zu wahren. Durch die Ausrichtung physischer Anpassungen an traumabezogene Praktiken können Schulen unterstützende Umgebungen schaffen, die Resilienz fördern, Lernergebnisse verbessern und das ganzheitliche Wohlbefinden aller Schüler*innen und Mitarbeiter*innen unterstützen.

4.1.3 Der Prozess hin zur Trauma-informierten Schule

Das *Missouri-Modell* für eine Trauma-informierte Schule bietet einen strukturierten Ansatz zur Unterstützung von Schulstandorten im Prozess hin zu mehr Trauma-Informiertheit (Missouri Department of Mental Health, 2019). Es unterstreicht die Notwendigkeit einer umfassenden Systemänderung innerhalb der Schule, um ein sicheres und unterstützendes Umfeld für alle zu schaffen, das den spezifischen Bedürfnissen aller Akteuer*innen auf allen Ebenen gerecht wird. Dieses Modell setzt auf die Beteiligung aller relevanten Akteur*innen – von der Schulleitung über Lehrkräfte bis hin zu Eltern und Schüler*innen – und integriert Prinzipien der Trauma-Informierung in alle Aspekte des schulischen Alltags:

> »The journey to becoming trauma informed will not feel like other social-emotional efforts your school has made. There is no single definition or checklist that tells you that you have arrived. It is important that schools develop their own sense of accountability during this journey. The strongest approach to this accountability is to involve a diverse group of stakeholders, including community members, parents, school staff, and students to develop a vision and expectation for what it will mean for your school to be trauma informed. This is the statement that schools should hold themselves accountable to on their journey. Schools must also work to strengthen their relationship with community resources to support their journey, as well as the health and well-being of their students and staff« (ebd., S. 10).

In den folgenden 14 Schritten (▶ Tab. 4.1) wird ein detaillierter Plan vorgestellt, um den Prozess der »Trauma-Informierheit« in Schulen systematisch und effektiv umzusetzen. Diese Schritte umfassen die Bildung eines Kern-Teams, die kontinuierliche Schulung und Unterstützung des Personals sowie die Implementierung und Evaluation von Trauma-informierten Praktiken. Ziel ist es, durch einen strukturierten und inklusiven Ansatz eine nachhaltige Veränderung *(systemic change)* zu bewirken, die sowohl das emotionale Wohlbefinden der Schüler*innen fördert als auch das gesamte schulische Umfeld stärkt. Doch der erste Schritt ist und bleibt, wie im obigen Zitat erwähnt, die Vision einer neuen Schulkultur, die als »statement that schools should hold themselves accountable to on their journey« dient (Missouri Department of Mental Health, 2019, S. 10).

Tab. 4.1: Der Prozess der Trauma-Informierheit in Schulen, der sich insbesondere an das Kern-Team richtet (in Anlehnung an SAMHSA, 2023)

Vision und Statement zu einer Trauma-informierten Schule verbalisieren und dokumentieren	
Schritt: Zu Beginn gilt es sich als Einzelperson, aber auch als organisatorische Einheit klar und deutlich in einen nachhaltigen Prozess hin zu einer Trauma-informierten Schule zu begeben.	**Mission:** Das Team erarbeitet ein Mission Statement/ein Leitbild, das sich zur Trauma-Informiertheit verpflichtet.

4.1 Trauma-informierte Schulpraxis

Tab. 4.1: Der Prozess der Trauma-Informierheit in Schulen, der sich insbesondere an das Kern-Team richtet (in Anlehnung an SAMHSA, 2023) – Fortsetzung

Bildung des »Trauma-informierten« Kern-Teams

Schritt:	Ziel:
Es wird ein Kern-Trauma-Team zusammengestellt. Neben Lehrer*innen werden auch Schulleitung, Administration, Schulsozialarbeiter*innen, weiteres Lehr- oder Unterstützungspersonal (einschließlich Büro- und Reinigungspersonal), Eltern- oder Schüler*innenvertreter*innen und Vertreter*innen von Gemeinschaftsorganisationen integriert.	Das Team soll bestehende Praktiken analysieren, Aktionspläne erstellen und Veränderungen umsetzen.

Schulung und regelmäßige Treffen des Teams

Schritt:	zusätzliche Unterstützung:
Es werden Schulungen für das Trauma-Team organisiert, dieses plant regelmäßige Treffen, mindestens zweimal im Monat.	Das Team holt Beratung von externen Fachleuten ein, um den Prozess zu begleiten und sicherzustellen, dass die Trauma-informierte Praxis effektiv umgesetzt wird.

Verständnis für Trauma entwickeln, trauma literacy fördern

Schritt:	Integration:
Die Schulleitung und das Personal werden über die Auswirkungen und Prävalenz von Trauma geschult.	Es wird sichergestellt, dass dieses Wissen in die tägliche Praxis einfließt und im Unterricht angewendet wird.

Chancengleichheit und Analyse der Bildungsgerechtigkeit

Schritt:	Ziel:
Alle Schulprogramme und Richtlinien werden durch die Brille der Chancengleichheit überprüft.	Vorurteile sowie die Auswirkungen historischer Traumata und systemischer Unterdrückung werden identifiziert und dekonstruiert.

altersgerechte Informationen und Unterstützung für Schüler*innen

Schritt:	Ziel:
Altersgerechte Programme, die Schü-	Den Schüler*innen werden Möglich-

Tab. 4.1: Der Prozess der Trauma-Informierheit in Schulen, der sich insbesondere an das Kern-Team richtet (in Anlehnung an SAMHSA, 2023) – Fortsetzung

ler*innen über Stress, Trauma und emotionale Regulierung informieren, werden entwickelt und implementiert.	keiten zur Entwicklung neuer Bewältigungsstrategien geboten.

Zugänglichkeit von Unterstützungsressourcen für das Personal

Schritt:	zusätzliche Unterstützung:
Es wird sichergestellt, dass Lehrer*innen und Schulpersonal Zugang zu Coaching, Beratung und beruflicher Weiterbildung haben.	Angebote zur Unterstützung der Gesundheit und des Wohlbefindens sowie notwendige Materialien und administrative Unterstützung werden bereitgestellt.

Einbindung von Eltern und Pflegepersonen

Schritt:	Methode:
Eltern und Pflegepersonen werden aktiv in Bildungsangebote und Prozesse der Entscheidungsfindung integriert.	Regelmäßige Informationsveranstaltungen und partizipative Entscheidungsprozesse werden organisiert.

Disziplinarpraktiken zur Unterstützung von Gemeinschaft und Mitgefühl

Schritt:	Ziel:
Disziplinarpraktiken und Richtlinien werden überprüft und angepasst, um Gemeinschaft zu fördern und unerfüllte Bedürfnisse zu adressieren.	Praktiken sollen darauf abzielen, Beziehungen zu reparieren und eine Kultur der Verantwortung zu schaffen.

Führungs- und Entscheidungsfindungsgelegenheiten für Schüler*innen

Schritt:	Methode:
Schüler*innen werden sinnvolle und altersgerechte Möglichkeiten zur Führung und Entscheidungsfindung geboten.	Schüler*innenvertretungen, Projektarbeiten oder schulische Ausschüsse werden implementiert, um ihre Perspektiven direkt einzubeziehen.

Partnerschaften mit Gemeinschaftsorganisationen

Schritt:	Ziel:
Aktive Partnerschaften mit Gemein-	Diese Partnerschaften sollen zusätzli-

Tab. 4.1: Der Prozess der Trauma-Informierheit in Schulen, der sich insbesondere an das Kern-Team richtet (in Anlehnung an SAMHSA, 2023) – Fortsetzung

schaftsorganisationen werden entwickelt.	che Unterstützung und Ressourcen für Schüler*innen und Personal bieten.

Curriculum-Design zur Unterstützung der Trauma-informierten Praxis

Schritt: Die Umsetzung des Lehrplans wird überarbeitet, um die Trauma-informierte Praxis zu unterstützen.	**Ziel:** Themen zur emotionalen Regulierung und Bewältigung werden in den Unterrichtsplan integriert.

Einhaltung der Prinzipien der Trauma-informierten Pflege

Schritt: Es wird sichergestellt, dass Personalverwaltung und -vertretung die Prinzipien der Trauma-Informiertheit berücksichtigen.	**Methode:** Praktiken zur Einstellung, zum Leistungsmanagement und zu Beschäftigungsübergängen werden überprüft, um faire und unterstützende Bedingungen zu gewährleisten.

Kontinuierliche Evaluation und Verbesserung

Schritt: Ein System zur kontinuierlichen Bewertung und Verbesserung von Praktiken und Richtlinien wird implementiert. Dabei wird eine transparente Feedbackpraxis berücksichtigt.	**Methode:** Regelmäßige Überprüfungen und Anpassungen werden basierend auf dem Feedback von Schüler*innen, Eltern und Personal durchgeführt.

4.1.4 Trauma-informierte Schule als »whole school«-Ansatz

Für die Entwicklung des Konzepts der trauma-informed care war der Rückgriff auf die Systemtheorie entscheidend. Zentral dabei ist der holistische Ansatz, der gemäß der Systemtheorie die Interkonnektivität und Interdependenz aller Komponenten eines Systems anerkennt. Diese Interdependenz zeigt sich auf mehreren Ebenen. Daher interveniert auch ein Trauma-informierter Aktionsplan in verschiedenen Bereichen: auf individueller Ebene (Mikroebene), an der Schnittstelle zwischen Unterricht und Lehrplan (Mesoebene), auf organisatorischer Ebene (Exoebene) und auf bildungspolitischer Ebene (Makroebene), um die weitreichenden Auswirkungen von Trauma zu adressieren und Resilienzen aufzubauen. Ein Trauma-informiertes Modell, das all diesen Aspekten gerecht wird, entwickeln Chafouleas, Pickens und Gherardi (2021). Aufbauend darauf und angelehnt an die Überlegungen von Stokols (1996) zur »*social-ecological-theory*« schlagen wir ein gestuftes Trauma-ökologisches Modell vor. Hierbei handelt es sich um einen ganzheitlichen Ansatz, der wie in der folgenden Abbildung dargestellt von einem »*whole child*«-Ansatz ausgeht (▶ Abb. 4.1) und in dem die pädagogische Arbeit der gesamten Schule (»*whole school*«) mit der Unterstützung der gesamten Gemeinschaft (»*whole community*«) verwoben wird:

- »*whole child*«: Kinder und Jugendliche werden in all ihren (hybriden) Identitäten wahrgenommen und in ihren Selbstkonzepten gestärkt, indem eine machtkritische Schulkultur gepflegt wird. Schüler*innen werden durch sozial-emotionales Lernen aktiv in die Entwicklung ihrer Identitäten einbezogen. Resilienzen werden gefördert, indem Schutzfaktoren verbunden und gestärkt werden.
- »*whole school*«: Schule versteht sich als inklusive Lehr- und Lernumgebung, die sich explizit für Bildungsgerechtigkeit für alle einsetzt. Alle Akteur*innen sind sich ihrer Rolle bei der Schaffung einer positiven und integrativen Umgebung bewusst und verfügen über das Wissen und die Fähigkeiten, Maßnahmen und Praktiken zu ergreifen, die Sicherheit und Verbundenheit fördern, Probleme der Bildungsungleichheit angehen und eine (Re-)Traumatisierung vermeiden.
- »*whole community*«: Alle Akteur*innen, ob nun Schüler*innen, Lehrende, Administration, Eltern oder externes Unterstützungspersonal, ist in einen »Community«-Kontext eingebettet. Die Community wird bei der Planung und Etablierung Trauma-informierter Ansätze mitgedacht und aktiv eingebunden.

Grundlage für das Trauma-ökologische Modell ist der Trauma-informierte Ansatz, der sich auf die zuvor besprochenen Prinzipien der Trauma-In-

4.1 Trauma-informierte Schulpraxis

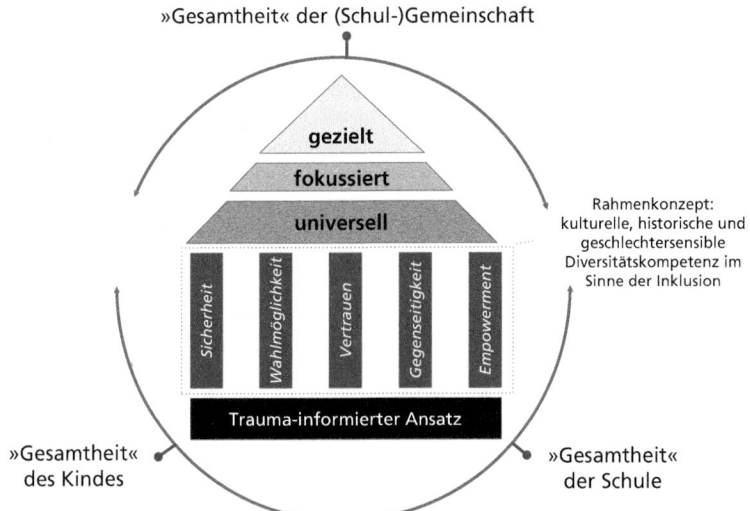

Abb. 4.1: Systematischer Ansatz der Trauma-informierten Schule: Ein ökologisches Modell integriert schulweite und gemeinschaftliche Unterstützung, um einen abgestuften Ansatz zur Unterstützung zu ermöglichen (in Anlehnung an Chafouleas, Pickens & Gherardi, 2021).

formiertheit stützt: 1. Sicherheit, 2. Vertrauenswürdigkeit und Transparenz, 3. Unterstützung durch Peers bzw. Zusammenarbeit und Gegenseitigkeit, 4. Empowerment, 5. Stimme und Wahlmöglichkeit. Ein machtkritischer, transkultureller und Gender-informierter Rahmen ist dabei essenziell für die Nachhaltige Stärkung des Systems.

Das Trauma-ökologische Modell unterscheidet drei Stufen. Traumainformierte Ansätze sollen allen zugutekommen *(universal)*, gleichzeitig aber auch spezifisch Betroffene ansprechen *(targeted)* und deren Bedürfnisse wahrnehmen. In bestimmten Fällen muss das System erweitert werden, indem für eine ausgewählte *(selected)* Anzahl von Betroffenen ein spezialisiertes Angebot ausgearbeitet wird.

Diese drei Stufen werden nun sowohl aus der Perspektive des*der Einzelnen – das können Lernende oder Lehrende sein – als auch aus der Perspektive des schulischen Systems betrachtet:

1. *universal:* Traumasensible Strategien, die allen zugutekommen, sollen positives adaptives Verhalten fördern und Risiken vorbeugen.
   - *Einzelperspektive:* Transformatives soziales und emotionales Lernen verbindet und stärkt Selbstkonzepte.
   - *Systemperspektive:* Das System fördert psychologische Sicherheit und das Zugehörigkeitsgefühl zur Schule.
2. *targeted:* traumaresponsive ergänzende Strategien, um adaptives Verhalten zu stärken
   - *Einzelperspektive: Schutzfaktoren für Schüler*innen und Lehrer*innen werden durch Förderung von Verbindungen und Unterstützung gestärkt, wobei das Konzept der »Championship« intensiviert wird.*
   - *Systemperspektive:* Die Schule spricht aktiv Belästigung, Einschüchterung, Diskriminierungen und Mobbing an und arbeitet daran, systemimmanente Ungleichheiten zu erkennen und zu verändern.
3. *selected:* intensive, traumafokussierte Unterstützung, die individualisiert ist und partnerschaftliche Ansätze über verschiedene Bereiche hinweg einbezieht.
   - *Einzelperspektive: Intensive Interventionen helfen, ein gesundes Selbstbild wieder aufzubauen und Verbindungen zu außerschulischen therapeutischen Angeboten herzustellen.*
   - *Systemperspektive:* Disziplinarische Praktiken setzen auf restaurative Strategien und erweitern das Netzwerk von außerschulischen Partnern.

4.2 Trauma-informierter Unterricht

Dieses Kapitel widmet sich der konkreten Umsetzung der im vorangegangenen Abschnitt beschriebenen Schulkultur auf das Klassenzimmer, indem es das Konzept des Trauma-informierten Klassenzimmers detailliert beleuchtet. In diesem Zusammenhang werden zwei wesentliche Ebenen betrachtet. Zunächst wird untersucht, wie der Klassenraum physisch und organisatorisch gestaltet werden kann, um die Grundprinzipien des Trauma-informierten Handelns effektiv zu integrieren. Dies umfasst die Gestaltung des physischen Umfelds, die räumliche Anordnung und die Schaffung einer Umgebung, die Sicherheit, Stabilität und Unterstützung bietet.

Im zweiten Schritt liegt der Fokus auf der menschlichen Interaktion auf der Mikroebene. Hier geht es darum, wie Trauma-informierter Unterricht im täglichen Schulbetrieb umgesetzt werden kann. Dies beinhaltet die Anwendung spezifischer Unterrichtsmethoden, die Berücksichtigung individueller Bedürfnisse der Schüler*innen und die Schaffung eines positiven und unterstützenden Klassenklimas. Die Frage, wie Lehrkräfte eine Atmosphäre fördern können, in der Schüler*innen sich sicher und wertgeschätzt fühlen, steht im Mittelpunkt dieser Überlegungen.

Es ist zu beachten, dass viele der beschriebenen Forschungsergebnisse und Ansätze vor allem im angloamerikanischen Raum entwickelt wurden und nicht eins zu eins auf andere Bildungskontexte übertragbar sind. Die pädagogisch Handelnden müssen daher kreativ und flexibel bei der Anpassung dieser Konzepte an ihren spezifischen schulischen und kulturellen Kontext sein. Die Umsetzung dieser Handlungsempfehlungen erfordert eine sorgfältige Planung und Anpassung, um den unterschiedlichen Bedürfnissen und Gegebenheiten gerecht zu werden.

Lehrkräfte spielen eine zentrale Rolle bei der Schaffung einer Traumainformierten Klassenraumkultur. Dies bedeutet, dass sie regelmäßig ihre pädagogischen Ansätze reflektieren, den Fortschritt der Implementierung beobachten und Anpassungen vornehmen, um sicherzustellen, dass die Prinzipien des Trauma-informierten Handelns wirksam umgesetzt werden.

Zudem müssen Lehrende sich stets der pädagogischen Ziele und der Limitationen ihres Handelns bewusst sein. Diese Reflexion der eigenen Professionalität, die das Bewusstsein für die eigenen Stärken und Schwächen sowie für die Herausforderungen im Umgang mit traumatisierten Schüler*innen umfasst, wird im folgenden Kapitel weiter vertieft werden (▶ Kap. 5).

4.2.1 Das proaktive Klassenzimmer

Ein Trauma-informiertes Klassenzimmer, auch als *proactive classroom* bekannt, ist eine Lehr-und-Lern-Umgebung, die speziell auf die Bedürfnisse der beteiligten Akteur*innen ausgerichtet ist. Im Trauma-informierten Kontext bedeutet proaktiv, dass durch differenzierte Vorausplanung und zielgerichtetes Handeln die Effekte von Trauma reduziert und die Risiken einer Retraumatisierung minimiert werden. Leitend sind dabei weiterhin die besprochenen Grundsätze der Trauma-Informiertheit (▶ Kap. 3). Wie sieht nun ein solches Trauma-informiertes Klassenzimmer aus? Angelehnt an die Vorschläge von Frey et al. (2020) in ihrem Bericht »Trauma-Informed Design in the Classroom« für die Association for Supervision and Curriculum Development (ASCD) sollten diese fünf Punkte berücksichtigt werden:

1. *bedürfnisorientierte Sitzplanung:* Durch eine konsistente und vorhersehbare Umgebung können Routinen besser eingeübt und Unsicherheiten reduziert werden. Konsistenz und Transparenz in der Klassenzimmerplanung fördern damit auch Stabilität. Eine bedürfnisorientierte Sitzplanung berücksichtigt die individuellen Bedürfnisse der Schüler*innen und ermöglicht eine sichere und strukturierte Lernumgebung.
2. *Flexibilität:* Gleichzeitig sollte es die Möglichkeit geben, dass Schüler*innen den Platz wählen, an dem sie sich am wohlsten fühlen, insbesondere wenn sie sich konzentrieren wollen. Diese Flexibilität ist auch wichtig, wenn Schüler*innen Stress bewältigen oder vermeiden möchten. Flexible Sitzordnungen können die Autonomie und das Wohlbefinden der Schüler*innen fördern, indem sie ihnen mehr Kontrolle über ihre Lernumgebung geben.
3. *calm/cool-down spaces:* Sichere Bereiche bzw. ruhigere Zonen innerhalb des Klassenzimmers bieten jenen Schüler*innen, die überfordert sind, eine Möglichkeit, sich zurückzuziehen. Manchmal reicht dazu auch ein zusätzlicher Tisch mit einem Stuhl in einem hinteren Eck des Klassenzimmers. In diesem Bereich finden sich beruhigende Hilfsmittel wie Stressbälle oder geräuschdämpfende Kopfhörer (Wallace & Lewis, 2020). Diese Bereiche sind klar markiert und zugänglich, um den

Schüler*innen eine sichere Rückzugsmöglichkeit zu bieten. Diese Settings sind nicht mit Time-out-Zonen, die häufig als Strafräume genutzt werden, zu verwechseln.
4. *Regulation der visuellen Reize:* Durch die Reduktion von visueller Unordnung, die Betroffene ablenken könnte und zu Hypervigilanz führen kann, wird eine beruhigende Umgebung geschaffen. Gleichzeitig wird der Klassenraum durch positive visuelle Hinweise, wie zum Beispiel Schüler*innenarbeiten oder Poster, ausgestattet. Diese visuelle Inspiration steigert das Gefühl der Zugehörigkeit und fördert eine transparente und positive Lernatmosphäre.
5. *Naturelemente:* Durch die Integration von Naturelementen wie Pflanzen oder das Nutzen von natürlichem Licht kann das emotionale Wohlbefinden der Schüler*innen verbessert werden (Thayer, 2019). Naturbasierte Gestaltungselemente fördern eine beruhigende und unterstützende Lernumgebung und tragen zur Reduzierung von Stress und zur Verbesserung der allgemeinen Stimmung bei.

Abb. 4.2: Das proaktive Klassenzimmer als Trauma-informiertes Design (eigene Darstellung)

Während das Konzept des proaktiven Klassenzimmers wertvolle Ansätze zur visuellen Regulierung bietet, besteht eine wesentliche Kritik darin, dass der Fokus überwiegend auf visuellen Reizen liegt. Es ist wichtig, das Konzept um die Berücksichtigung weiterer Sinne zu erweitern, um den unterschiedlichen Bedürfnissen aller Schüler*innen gerecht zu werden. Schüler*innen, die visuelle Beeinträchtigungen oder Dyspraxien haben, benötigen oft zusätzliche Anpassungen, die über visuelle Reize hinausgehen. Eine umfassende Berücksichtigung auditiver, haptischer und olfaktorischer Sinne kann die Lernumgebung weiter verbessern. Beispielsweise könnten akustische Elemente wie gedämpfte Hintergrundmusik oder ruhige Geräusche zur Entspannung beitragen, während haptische Materialien wie Texturen oder taktile Spielzeuge unterstützend wirken können. Auch der gezielte Einsatz von Aromatherapie könnte in bestimmten Fällen hilfreich dabei sein, ein angenehmes und förderliches Lernklima zu schaffen. Die Flexibilität, Anpassungen nach den spezifischen Bedürfnissen einzelner Schülerinnen vorzunehmen, sollte daher ein integraler Bestandteil des Trauma-informierten Klassenzimmers sein. Nur durch die Berücksichtigung aller Sinne kann ein wirklich unterstützendes und inklusives Lernumfeld geschaffen werden, das den Bedürfnissen aller Schüler*innen gerecht wird und eine optimale Lernatmosphäre fördert.

Ein proaktives, Trauma-informiertes Klassenzimmer schafft demnach eine unterstützende und stabile Lernumgebung, die die besonderen Bedürfnisse von Betroffenen berücksichtigt.

1. Das Schaffen einer vorhersehbaren und konsistenten Umgebung sowie die Bereitstellung sicherer Rückzugsorte tragen dazu bei, ein Gefühl der *Sicherheit (safety)* bei den Schüler*innen zu fördern.
2. Durch konsistente Routinen, klare Erwartungen und transparente Kommunikationswege wird *Vertrauen (trust)* aufgebaut und die Schüler*innen wissen, was sie erwarten können, was wiederum Unsicherheiten und Angst reduziert.
3. Die Möglichkeit für Schüler*innen, ihre Sitzplätze flexibel zu wählen und sich gegenseitig zu unterstützen, fördert eine *Kultur der Zusammenarbeit (Peer-Support)* und der gegenseitigen Unterstützung im Klassenzimmer.

4. Die Einbeziehung von Schüler*innenarbeiten und positiven visuellen Hinweisen schafft ein Gemeinschaftsgefühl *(collaboration)* und ermutigt die Schüler*innen, sich gegenseitig zu unterstützen und zu motivieren.
5. Die Bereitstellung von flexiblen Sitzordnungen und sicheren Rückzugsorten gibt den Schüler*innen die Kontrolle über ihre Lernumgebung und ermöglicht es ihnen, *Entscheidungen zu treffen (empowerment, choice, voice)*, die ihrem Wohlbefinden zugutekommen.

Durch die Implementierung dieser Prinzipien und Strategien wird das Klassenzimmer zu einem sicheren Ort, der das Lernen fördert und die emotionalen und psychischen Bedürfnisse der Schüler*innen berücksichtigt. Dies trägt nicht nur zur Reduzierung der Auswirkungen von Trauma bei, sondern schafft auch eine positive und unterstützende Lernumgebung, die allen Schüler*innen zugutekommt.

4.2.2 Trauma-informiertes Classroom Management

Für den folgenden Abschnitt, der sich den Anliegen einer Trauma-informierten Unterrichtspraxis widmet, wurde das Konzept der Positive Behavioral Interventions and Supports (PBIS), wie es von Sugai und Horner (2006) ausgearbeitet wurde, auf das bereits besprochene Konzept der Trauma-Informiertheit angepasst. Positive Behavioral Interventions and Supports hilft dabei, durch systematische und individuell angepasste Strategien ein sicheres und unterstützendes Umfeld zu schaffen, das besonders wichtig für Betroffene ist. Diese Herangehensweise umfasst mehrere Ebenen der Prävention und Intervention, die speziell darauf abzielen, »problematisches« Verhalten zu verhindern und »konstruktives« Verhalten zu fördern:

> »The foundation for school-wide PBS lies in the application of these features to the whole school context in an effort to prevent, as well as change, patterns of problem behavior« (Sugai & Horner, 2006, S. 360).

Der konzeptionelle Rahmen für trauma-informed care im Classroom Management, integriert mit den Prinzipien der Positive Behavioral Interventions and Supports, basiert auf sechs grundlegenden Prinzipien. Diese Prinzipien dienen als Leitlinien für die Schaffung einer sicheren, unterstützenden und förderlichen Lernumgebung, die den Bedürfnissen aller Schüler*innen gerecht wird, insbesondere denen derer, die traumatische Erfahrungen gemacht haben. Positive Behavioral Interventions and Supports (Sugai & Horner, 2006) bietet dabei eine systematische und strukturierte Methode, positive Verhaltensweisen zu fördern und problematisches Verhalten zu reduzieren. Dabei ist es wichtig, die Kategorie von »positiv« und »problematisch« immer kritisch zu denken und zu dekonstruieren.

Sicherheit

- *positive Begrüßungen an der Tür:* Beginnen Sie den Schultag mit positiven Begrüßungen an der Tür, um ein Gefühl von Sicherheit und Zugehörigkeit zu schaffen. Ein einfaches »Guten Morgen« oder ein freundliches Lächeln kann dazu beitragen, eine positive Verbindung zwischen Lehrpersonen und Schüler*innen herzustellen. Dies fördert ein positives Klassenklima und erleichtert den Übergang zu den täglichen Aktivitäten. Dies entspricht dem Positive-Behavioral-Interventions-and-Supports-Prinzip der Prävention durch positive Interaktionen.
- *Check-ins am Morgen:* Führen Sie tägliche Check-ins mit den Schüler*innen durch, um ihren emotionalen Zustand zu überprüfen und ihnen die Möglichkeit zu geben, ihre Gefühle und Bedürfnisse zu äußern. Dies stärkt das Sicherheitsgefühl und zeigt den Schüler*innen, dass ihre Gefühle und ihr Wohlbefinden wichtig sind.

Vertrauenswürdigkeit und Transparenz

- *Klassenregeln:* Setzen Sie klare, positiv formulierte Klassenregeln fest, um Erwartungen zu stellen und Vertrauen aufzubauen. Diese Regeln sollten sichtbar aufgehängt und konsequent unterrichtet werden. Klare Regeln und Erwartungen schaffen eine vorhersehbare und strukturierte Umgebung, die für traumatisierte Kinder besonders wichtig ist. Dies entspricht dem Positive-Behavioral-Interventions-and-Supports-Prinzip der klaren Erwartungen und konsistenten Anwendung.

4.2 Trauma-informierter Unterricht

- *Rituale:* Etablieren Sie tägliche Rituale, wie zum Beispiel morgendliche Begrüßungsrituale oder gemeinsame Abschlussrituale, um Stabilität und Vorhersehbarkeit zu fördern. Rituale helfen, den Tagesablauf zu strukturieren und bieten den Schüler*innen Sicherheit.
- *spezifisches Feedback:* Konstruktives Feedback an und von Schüler*innen durch Lehrkräfte und zwischen Schüler*innen fördert Vertrauen und Klarheit in Bezug auf Erwartungen.

Peer-Support

- *Gruppendynamik stärken:* Fördern Sie eine positive Gruppendynamik durch kooperative Lernaktivitäten und Teamprojekte. Dies stärkt das Gefühl der Gemeinschaft und fördert positive Beziehungen unter den Schüler*innen.
- *Peer-gestützte Interventionen:* Nutzen Sie strukturierte Programme wie Peer-gestützte Instruktion und Intervention (PMII), um Schüler*innen durch positive Interaktionen und direkte Unterstützung zu helfen. Dies stärkt das Gefühl der Zugehörigkeit und unterstützt das Lernen in einer inklusiven Umgebung. Dies entspricht dem Positive-Behavioral-Interventions-and-Supports-Prinzip der Unterstützung durch Peer-Mentor*innen und Vorbilder.

Zusammenarbeit und Gegenseitigkeit

- *Verhaltensverträge:* Verwenden Sie Verhaltensverträge, um die Zusammenarbeit zwischen Schüler*innen und Lehrpersonen zu fördern. Diese Verträge helfen, Verhaltens- und Lernziele klar zu definieren und zu verfolgen. Sie stellen sicher, dass beide Parteien Verantwortung übernehmen und gemeinsam an den gesetzten Zielen arbeiten.
- *gemeinsam Feste feiern:* Feiern Sie gemeinsame Erfolge und besondere Anlässe, um die Gemeinschaft und den Zusammenhalt zu stärken. Feste bieten eine Gelegenheit, positive Erlebnisse zu teilen und das Gemeinschaftsgefühl zu fördern.
- *partizipativer Verhaltensinterventionsplan:* Entwickeln Sie gemeinsam mit den Schüler*innen Verhaltensinterventionspläne. Die Einbeziehung der Schüler*innen in den Prozess gibt ihnen ein Gefühl der

Kontrolle und Verantwortung für ihr eigenes Verhalten. Dies ist im Einklang mit Positive Behavioral Interventions and Supports, das die Beteiligung und das Engagement der Schüler*innen betont.

Empowerment, Agency und Wahlmöglichkeit

- *Instruktionswahl:* Geben Sie den Schüler*innen die Möglichkeit, zwischen verschiedenen Lernaktivitäten zu wählen, um ihnen ein Gefühl von Kontrolle und Eigenverantwortung zu vermitteln. Wahlmöglichkeiten erhöhen das Engagement und die Motivation der Schüler*innen.
- *Antwortmöglichkeiten:* Erhöhen Sie die Anzahl der Antwortmöglichkeiten für Schüler*innen, um Engagement und Interaktion zu fördern. Dies kann durch unterschiedliche Antwortformate oder durch die Möglichkeit, Antworten mündlich oder schriftlich zu geben, erfolgen.
- *Feedbackkultur:* Fördern Sie eine offene und konstruktive Feedbackkultur. Geben Sie den Schüler*innen regelmäßig Feedback zu ihren Leistungen und ermutigen Sie sie, auch untereinander Feedback zu geben. Dies stärkt das Vertrauen und die Kommunikation innerhalb der Klasse.

Inklusionsorientierte Diversitätskompetenz entlang gesellschaftlicher Heterogenitätskategorien

Dieser Ansatz versteht sich als Weiterentwicklung der ursprünglichen Konzeption von »cultural, historical and gender issues« im Rahmen der trauma-informed care (SAMHSA, 2023). Während diese früher oft auf statische, strukturalistische Vorstellungen von Kultur, Geschlecht und Herkunft fokussiert waren, nimmt das vorliegende Handbuch bewusst Abstand von solchen starren Modellen. Stattdessen wird Kulturalität als ein dynamisches, hybrides und offenes Konzept begriffen, das statische Vorstellungen von Sprache wie die essenzialisierende Zählbarkeit in Erstsprache, Zweitsprache oder Muttersprache durch flexiblere Ansätze der Sprachlichkeit ersetzt. Ebenso werden festgefahrene, monolithische Perspektiven auf ethno-nationale und kulturelle Zugehörigkeiten kritisch hinterfragt und es wird mit Zugängen von hybriden und multiplen Identitäten gearbeitet, die eine gewisse Ambiguitätstoleranz voraussetzen

4.2 Trauma-informierter Unterricht

und fördern wollen. Im Sinne einer Informiertheit, wie sie bereits in Kapitel 3 beschrieben wird (▶ Kap. 3), geht es um prozedurale Aushandlungsprozesse, die alle Beteiligten partizipativ einbinden und empowern. Diese Perspektive betont, dass Trauma und Gesellschaft untrennbar miteinander verwoben sind, insbesondere in Hinblick auf die problematischen und problematisierten »cultural, historical and gender issues«. Der Trauma-informierte Diskurs zielt darauf ab, die endlose Reproduktion asymmetrischer Binaritäten zu durchbrechen, bei der neue Begriffe lediglich in alte Machtstrukturen eingebettet werden – ohne dass es zu einem echten Paradigmenwechsel (paradigm shift) kommt.

Dieser konzeptionelle Rahmen bietet eine strukturierte Herangehensweise zur Implementierung von trauma-informed care im Classroom Management, integriert mit den Prinzipien von Positive Behavioral Interventions and Supports. Durch die Anwendung dieser Prinzipien können Lehrpersonen eine unterstützende und sichere Lernumgebung schaffen, die das Wohlbefinden und die akademischen Leistungen aller Schüler*innen fördert. Positive Behavioral Interventions and Supports bietet dabei die Struktur und Methodik dafür, positive Verhaltensweisen systematisch zu fördern und zu verstärken.

> **Aufgaben zur Vertiefung**
>
> 1. Diskutieren Sie, wie das Missouri-Modell in Ihrer Schule oder Institution implementiert werden könnte. Welche Herausforderungen und Widerstände sind bei der Einführung einer Trauma-informierten Schulkultur erwartbar und wie lassen sie sich überwinden?
> 2. Erläutern Sie, warum es im Sinne einer Trauma-ökologischen Perspektive sowohl »universal« als auch »selected« Zugänge braucht.
> 3. Nehmen Sie kritisch Stellung zum Konzept von Positive Behavioral Interventions and Supports. Wie trägt es im Rahmen eines Trauma-informierten Classroom Managements dazu bei, problematisches Verhalten zu reduzieren und eine positive Klassenatmosphäre zu fördern?

5 Professionalisierung für die Trauma-informierte Schule

Worum es geht ...

In diesem Kapitel wird Trauma-Informiertheit als eine integrale Dimension pädagogisch-professionellen Handelns von Lehrpersonen diskutiert. Es wird zunächst der Frage nachgegangen, was Professionalität und professionelles Handeln in pädagogischen Berufen grundsätzlich ausmacht, um in einem weiteren Schritt die Besonderheit Trauma-informierter pädagogischer Professionalisierung im schulischen Kontext auszuarbeiten. Dabei werden einige zentrale Aspekte der Trauma-Informiertheit, die in den vorangegangenen Kapiteln diskutiert wurden, mit besonderem Augenmerk auf pädagogische Professionalität von Lehrer*innen in den Blick genommen und in dem konzeptionellen Rahmen einer Pädagogik mit inklusivem Fokus verortet.

5.1 Trauma-informiertes pädagogisch-professionelles Handeln in Theorie und Praxis

Wenn Sinn und Zweck der Aus- und Weiterbildung von Lehrpersonen vor allem die Vorbereitung auf die Ausübung einer pädagogischen Profession

5.1 Trauma-informiertes pädagogisch-professionelles Handeln

ist, so stellt sich die Frage, warum sich gerade ein Handbuch zu Trauma-informierter pädagogischer Arbeit mit gegenstandsspezifischen Begriffen, bildungswissenschaftlichen Theorien, Trauma-Erklärungsmodellen und Konzepten aus dem pädagogischen Diskurs befasst. Wäre es nicht zweckmäßiger, den Leser*innen statt grundlegenden Erörterungen möglichst präzise Anweisungen für das »richtige« pädagogische Handeln anzubieten, also eine einfache Rezeptsammlung, was man immer und in jeder pädagogischen Situation im Sinne einer Trauma-informierten Praxis tun und was man auf keinen Fall tun sollte?

Diesem Handbuch liegt die Überzeugung zugrunde, dass für professionelles Handeln generell, einschließlich Trauma-informiertem pädagogischen Handeln, die Auseinandersetzung mit wissenschaftlichen Theorien und Konzepten vor allem deshalb unverzichtbar ist, weil das, worauf es im schulischen Alltag ankommt, sich nicht in der Anwendung von rezepthaften Anweisungen erschöpft. Trauma-informiertes pädagogisch-professionelles Handeln lässt sich nicht einfach auf Interventionen reduzieren, die man sich wie in einem Erste-Hilfe-Kurs aneignen und bei jeder pädagogisch Trauma-relevanten Situation schablonenartig anwenden könnte.

Im pädagogischen Umgang mit Trauma generell, aber auch im Umgang mit Trauma in der Institution Schule gibt es – wie in den Kapiteln 3 und 4 geschildert (▶ Kap. 3; ▶ Kap. 4) – eine Vielzahl unterschiedlicher, manchmal sogar scheinbar widersprüchlicher Zugänge, die sich jeweils mit nachvollziehbaren Argumenten begründen lassen. Bei der Entwicklung einer Trauma-informierten schulischen Praxis kommt es vor allem darauf an, die unterschiedlichen Vorstellungen zu vergleichen, ihre Voraussetzungen und Begründungen zu prüfen und durch Abwägen der Argumente zu einem vertretbaren Urteil zu gelangen. Der Erwerb dieser Urteilsfähigkeit als wesentlicher Bestandteil von trauma literacy (▶ Kap. 3.1.3; ▶ Kap. 4.1.3) setzt ein Mindestmaß an Kenntnissen über relevante Begriffe, Konzepte, Theorien und Modellen, also das theoretische Wissen über Trauma voraus.

Ein weiterer Grund dafür, dass das Handbuch nicht als Rezeptbuch gelten und fungieren kann, liegt in der Einzigartigkeit der Situationen, der beteiligten Menschen und der Settings, die im schulischen Alltag von Fall zu Fall zu berücksichtigen sind. Kein*e Schüler*in und kein*e Lehrer*in gleicht dem*der anderen – auch jeder Schulstandort, samt Schulleitung, Kollegium und Schulprofil ist anders. Zum Trauma-informierten pädagogischen Handeln gehört deshalb auch die Fähigkeit, die Erfordernisse jeder konkreten Situation deuten und verstehen zu können, um dann theoretisches Wissen über Trauma (trauma literacy) angemessen darauf zu beziehen. Darüber hinaus ist jede Schule in ein spezifisches soziales, politisches, demografisches und gesellschaftliches Umfeld eingebettet, das allerdings nicht statisch ist, sondern sich kontingent und dynamisch verhält, sich über die Zeit ändert und – wie alles andere – einem Wechsel und Wandel ausgesetzt ist. Dieser dynamische Zeit- und Umfeldbezug des pädagogischen Handelns setzt die Fähigkeit voraus, das eigene Repertoire an Wissen und Können in Auseinandersetzung mit neuen Problemlagen immer wieder auf seine Tauglichkeit zu überprüfen und weiterzuentwickeln (▶ Kap. 4.2).

Die Fähigkeit zum Weiterdenken zusammen mit Urteilsfähigkeit und Deutungskompetenz lässt sich unter dem »Oberbegriff der pädagogischen Reflexionskompetenz« zusammenfassen. »Diese Reflexionskompetenz als Kernstück pädagogischer Handlungsfähigkeit besteht also darin, pädagogisches Wissen selbstständig zu beurteilen und sowohl flexibel als auch kreativ auf je besondere und sich ständig verändernde Situationen zu beziehen« (Koller, 2020, S. 13). Übertragen auf Trauma-informiertes pädagogisch-professionelles Handeln geht es dabei nicht um die bloße Anwendung von theoretischem Wissen über Trauma (trauma literacy) auf einen aktuell vorliegenden Fall, sondern vielmehr darum, sich fall- und situationsgemäß auf Wissensbestände zu beziehen – auch wenn die Theorie oder das konzeptionelle Modell nicht zur Gänze auf die Gegebenheiten des Falls zutrifft und sich auch nicht eins zu eins umsetzen lässt. Diese Art der Bezugnahme trägt auch dazu bei, das Theoriewissen immer wieder einer kritischen Prüfung zu unterziehen und bei Bedarf in der Praxis kreativ weiterzuentwickeln. Aus diesem Verständnis heraus lässt sich Trauma-informierte pädagogische Professionalität als eine theoriegeleitete Handlungsfähigkeit verstehen, die sich durch konkretes Handeln und kritisches Reflektieren stets weiterentwickelt und von einer wechselseitigen Befruchtung von Theorie und Praxis getragen wird (siehe Kasten »Informiertheit« in ▶ Kap. 3.1.3).

5.1 Trauma-informiertes pädagogisch-professionelles Handeln

Eine weitere Begründung für die Notwendigkeit eines theoriegeleiteten wissenschaftlichen Zugangs zur Trauma-informierten pädagogischen Praxis ergibt sich aus der Art der Tätigkeit in pädagogischen Berufen, die als »professionell« gilt. Professionell – oder »Profi« und »profimäßig« – sind alltagssprachliche Begriffe, mit denen vor allem gemeint ist, dass jemand etwas vortrefflich beherrscht und sich darin von Laien unterscheidet. In der Regel wird das auch mit beruflichen Fähigkeiten verbunden, beispielsweise mit der Kompetenz eines*r gelernten Gärtner*in im Unterschied zur*zum leidenschaftlichen Hobbygärtner*in. »Im alltagsweltlichen Verständnis von professionell wird damit also die Qualität oder Güte des Handelns gefasst, nicht aber die Struktur bzw. die Art und Weise des Handelns selbst. Genau darauf, also auf die Art der Tätigkeit, richten sich aber wissenschaftliche Bestimmungen von Profession und Professionalität« (Helsper, 2021, S. 13). Mit »pädagogisch-professionell« ist somit nicht die Profi-Lehrperson gemeint, die als »Profi« gilt, weil sie ihre Arbeit besonders gut kann – etwa im Gegensatz zu Noviz*innen, die noch über wenig Praxiserfahrung verfügen. Bei einem wissenschaftlichen Zugang zum Begriff von Profession und Professionalität geht es vielmehr darum, was professionelles und nicht-professionelles Handeln im Kern unterscheidet, und wann berufliches Handeln als professionelles Handeln zu bestimmen ist unabhängig davon, ob es zunächst gelingt bzw. besonders gut oder schlecht ausfällt.

In wissenschaftlichen Zugängen zur Professionalität wird nach einer Reihe von Kriterien zwischen professionellen und nicht-professionellen Berufen unterschieden, etwa nach Gegenstand und existenzieller Signifikanz der Tätigkeit, der erforderlichen wissenschaftlichen Ausbildung, der Komplexität und dem Umgang mit Ungewissheit sowie dem universalistischen Anspruch der Tätigkeit (siehe Kasten »Was gilt als ›professioneller‹ Beruf?« in diesem Kapitel). Im Kern handelt es sich um berufliche Tätigkeiten, die für einen gesellschaftlich höchst relevanten Bereich zuständig sind und in existenziellen (Krisen-)Situationen eines Gegenübers zum Einsatz kommen. Ein klassisches Beispiel ist das ärztliche Handeln, das auf die Sicherung der leiblich-psychischen Integrität zielt. Das pädagogische Handeln gilt demnach als professionelles Handeln, indem es auf die Ermöglichung von Bildung und autonomer Lebensführung zielt und eine vermittelnde Stellung zwischen individuellen Interessen, Potenzialen der Menschen und den gesellschaftlichen Ansprüchen hat (vgl. Helsper, 2021; Schrittesser, 2020).

»Professionen wären in dieser Perspektive als jene Formen des beruflichen Handelns zu bestimmen, die mit der stellvertretenden Krisenlösung für Personen betraut sind, wobei sich die Krise auf zentrale Werte bezieht: etwa auf Gesundheit, psychische Integrität, auf Gerechtigkeit, soziale Teilhabe bzw. Inklusion oder Bildung. Das Ziel des professionellen Handelns wäre es, die Autonomie der Lebenspraxis und die Entscheidungs- und Handlungsfähigkeit ihrer KlientInnen zu ermöglichen oder – soweit wie möglich – wiederherzustellen« (Helsper, 2021, S. 55).

Von Professionalität ist dann zu sprechen, wenn Professionelle über die entsprechenden Voraussetzungen wie wissenschaftlich gesichertes Wissen, Praxen und Handlungsmuster, (selbst-)reflexive Fähigkeiten, soziale Kompetenzen, vor allem bei Interaktions- und Beziehungsgestaltung, sowie Deutungskompetenz und Fallverstehen verfügen und diese in konkreten sozialen professionellen Situationen interaktiv zur Geltung bringen können (vgl. Helsper, 2021). Somit ist von Trauma-informierter pädagogischer Professionalität im Kontext Schule dann zu sprechen, wenn Lehrpersonen ihr evidenzbasiertes Theorie- und Praxiswissen (siehe Kasten »Informiertheit« in ▶ Kap. 3.1.3), ihren (selbst-)reflexiven Lernmodus, ihre Deutungsfähigkeit, ihr Fallverstehen und ihre Interaktions- und Beziehungskompetenzen (▶ Kap. 3.1.3) stets entlang eines fortschreitenden Kontinuums auf- und ausbauen, dabei ihre ethische Verpflichtung wahrnehmen und mit zunehmender Erfahrung und Einsicht diese Kompetenzen in konkreten Situationen prozedural und dynamisch zur Geltung bringen. Dabei ist nochmals zu betonen, dass Professionalität in diesem Zusammenhang als Prozess von Kapazitäts- und Kompetenzaufbau zu verstehen ist und nicht als Expert*innentum; eine Lehrperson am Anfang ihrer professionellen Praxis, die in der Ausübung ihrer ethischen Verantwortung und in einer forschenden Haltung Trauma-informiert agiert, ihr konkretes Handeln auf gesichertes Wissen bezieht (trauma literacy), über ihr Handeln reflektiert, Erfahrung sammelt und ihre Einsichten aus der Praxis systematisiert, in Austausch und Interaktion ihr Wissens- und Könnens-Repertoire erweitert, Handlungskompetenz gewinnt (trauma skills) und sich bedarfsorientiert weiterbildet, ist keinesfalls geringer »professionell« als die erfahrene Lehrperson, die mit zunehmendem Praxiswissen im Umgang mit sensiblen Situationen auf bewährte Routinen und fest verankerte Handlungsmuster zurückgreifen kann.

Was gilt als »professioneller« Beruf?

In wissenschaftlichen Zugängen zur Professionalität werden berufliche Tätigkeiten von der Art und Struktur des Handelns dann als professionelle Tätigkeiten gefasst, wenn sie

1. auf Wissen basieren, das kritisch auf wissenschaftlichen Erkenntnissen beruht und in der Regel ein wissenschaftliches Studium voraussetzt,
2. mit Ungewissheit und Offenheit rechnen müssen, sodass die einfache Anwendung wissenschaftlichen Wissens im Sinne standardisierter Formeln nicht ausreicht, sondern eine systematische Beachtung der Besonderheit von Situation und Person erforderlich ist,
3. sich direkt und unmittelbar auf ein menschliches Gegenüber beziehen, wobei es sich um Krisenintervention und -prophylaxe handelt, die sich auf die existenzielle Integrität von Menschen in physischer, psychischer, moralisch-ethischer und rechtlicher Hinsicht sowie die Teilhabe-Sicherung bezieht und dabei tief und weitreichend in die Person, deren Befindlichkeit, Entwicklung und Zukunft eingreift.
4. in komplexen, mit Ungewissheit verbundenen Face-to-face-Interaktionen handeln, in denen die Wiederherstellung, Sicherung oder Ermöglichung von Integrität – trotz aller Asymmetrie und Abhängigkeit – nur in einem gegenseitigen, reziproken, auf Vertrauen basierenden Bündnis zwischen Professionellen und Klient*innen möglich ist,
5. einen universalistischen Anspruch haben, das heißt, gleichgültig um welche Klient*in es sich handelt, im Sinne der Gleichbehandlung ihr professionelles Handeln zur Verfügung stellen. Darin wird deutlich, dass das professionelle Handeln einem besonderen Ethos

> unterliegt und es weder durch Geld und Markt, noch durch Bürokratie zu regeln ist.

5.2 Reflexive erkenntniskritische Lernhaltung

Trauma-informiertes pädagogisch-professionelles Handeln erfordert – wie bereits diskutiert – neben einer theoretischen und evidenzbasierten Wissensbasis auch eine forschend-reflexive erkenntniskritische Haltung – und dies nicht nur für die tagtägliche pädagogische Tätigkeit, sondern auch für die Begründung der konkreten Entscheidungen und Handlungen von Lehrer*innen im schulischen Alltag. Fundierte Begründungskompetenz ist für Lehrpersonen besonders wichtig, da ihr Handeln – aufgrund der großen Verantwortung und des tiefen Eingriffs in das Leben von Heranwachsenden – jederzeit auf seine Begründung und Angemessenheit hin befragt werden kann. Die Begründung von konkreten Handlungen – gegenüber der am Schulleben Beteiligten (und der Öffentlichkeit) – muss auf überprüftem Wissen beruhen. Die Fähigkeit, das eigene Handeln fundiert zu begründen, setzt aber auch eine Haltung und die Fähigkeit zur kritischen Selbstreflexion voraus. Und zusätzlich bedarf diese Begründungskompetenz eines deutenden, Sinn erschließenden Fall- und Diagnosewissens, das die Angemessenheit einer allgemeinen Diagnose auch für den konkret vorliegenden Fall – gegebenenfalls unter Berücksichtigung kultureller, historischer und geschlechtsspezifischer Aspekte begründet (▶ Kap. 3.3.1).

Lehrer*innen haben aufgrund ihrer großen Verantwortung nicht nur eine Begründungspflicht gegenüber anderen, sie stehen obendrein auch unter beachtlichem Entscheidungsdruck in ihrem pädagogisch-professionellen Handeln, das ihnen in ihrem täglichen Tun schnelle Entscheidungsroutinen und fest verankerte Handlungsmuster abverlangt, die sofort abrufbar sind (vgl. Helsper, 2021). In vielen Situationen – im Verlauf des Unterrichts, auf dem Pausenhof oder bei der Gangaufsicht – können

5.2 Reflexive erkenntniskritische Lernhaltung

Lehrpersonen nicht einfach innehalten oder sich eine Bedenkzeit leisten. Sie müssen sofort handeln, auch trotz der Ungewissheit, ob sie die Situation richtig eingeschätzt oder das Problem gänzlich verstanden haben. Hinzu kommt die Herausforderung, in einem Umfeld zu arbeiten, das durch Ambivalenzen und widersprüchliche Erwartungen geprägt ist.

In solchen Momenten sind pädagogischer Takt und praktisches Handlungswissen dabei gefragt, sich in Sekundenschnelle ein Bild von der Situation zu machen, diese zu deuten, zu verstehen, worauf es in der Situation ankommt, eine nach bestem Wissen und Gewissen angemessene Entscheidung zu treffen und diese umzusetzen. Dieser Takt, dieses Gespür und diese Handfertigkeit sind wissensinformiert, entwickeln sich aber nicht durch rein theoretisches Wissen, sondern erst bei zunehmendem Erfahrungswissen. Sie zeigen sich in festgelegten Handlungsroutinen, die durch praktische Erfahrungen erworben wurden (vgl. Forghani-Arani, 2016). Das Erfahrungswissen basiert wiederum darauf, dass man in ähnlichen Situationen so gehandelt hat und die Handlung gelungen ist. Es handelt sich um ein professionelles Können, das implizites Wissen beinhaltet, welches schwer in Worte zu fassen ist und der Lehrperson oft selbst nicht vollständig bewusst ist (vgl. Helsper, 2021).

Daher ist für Professionelle eine weitere wichtige Wissensform, nämlich ein »(selbst)reflexives und biographisches Wissen« dafür notwendig (ebd., S. 138), das eigene praktische Handeln hinterfragen und gegebenenfalls ändern zu können. Reflexionsbereitschaft und Reflexionsfähigkeit haben eine Primatstellung für Trauma-informierte pädagogisch-professionelle Praxis – nicht nur für die Reflexion des eigenen Handelns, sondern auch für die der eigenen Vorannahmen, Vorurteile und Biases und der eigenen Betroffenheit, Verwickeltheit und Verflochtenheit in sensiblen pädagogischen Situationen. Durch die Reflexion des eigenen Handelns, das zum Teil durch die eigenen unbewussten Orientierungen und Trauma-relevanten biographischen Erfahrungen bedingt und geprägt ist, können eigene implizite Deutungsmuster, Vorlieben und Abneigungen erkannt, Verhaltensmuster in der Kommunikation und Interaktion mit Schüler*innen selbst bemerkt und in weiterer Folge pädagogisch angemessene Schritte bewusst gestaltet werden. Das »selbstbezüglich-biographische Wissen« (Helsper, 2001, S. 15) von Lehrpersonen um die eigenen Traumata – besonders jener im schulischen Kontext, etwa eigene

5 Professionalisierung für die Trauma-informierte Schule

Erlebnisse als Schüler*in oder als Lehrer*in in den Schulpraktika der Erstausbildung – ist vor allem in Bezug auf die sekundäre Traumatisierung der Lehrperson von Bedeutung, aber auch dabei, unbeabsichtigte und unbewusste Übertragung und Gegenübertragung bei betroffenen Schüler*innen zu vermeiden. Ohne einen solche selbstreflexive Zäsur wäre die Gestaltung der schulisch-pädagogischen Aufgabe im Sinne der zentralen Merkmale Trauma-informiertes Handeln –»5-R: Reflect, Realize, Recognize, Respond, Resist« –, die als Prozess mit Reflektieren beginnt, kaum realisierbar (▶ Kap. 3.3.2). Allerdings liegt die Entwicklung, Förderung und Vertiefung dieses (selbst-)reflexiven und biografischen Wissens keinesfalls ausschließlich bei der Lehrperson, sondern stellt vielmehr eine Aufgabe und Verantwortung dar, die vom gesamten System Schule getragen werden muss. Das Konzept der Trauma-Informiertheit, wie es im vorliegenden Handbuch verstanden wird, unterstreicht die Notwendigkeit einer umfassenden Systemänderung in Bezug auf die Schule – mit Beteiligung aller relevanten Akteuer*innen, einschließlich der Schulleitung, des Lehrer*innenkollegiums, der Schüler*innen, deren Eltern, Erziehungsberechtigten und Communities.

Der Trauma-informierten Lehrer*innenbildung kommt in diesem Zusammenhang die Aufgabe der »reflexiven Vermittlung des Praktischen im Primat des Theoretischen« (Helsper, 2001, S. 13) besonders durch die systematische Einführung der Trauma-bezogenen Fallarbeit und Falltheoretisierung zu. Bei der Grundlegung einer Trauma-informierten pädagogischen Professionalität in der akademischen Erstausbildung von Lehrer*innen reicht das Theoriewissen zu Traumata und das Wissen um die Bedeutung der reflexiven, erkenntniskritischen Lernhaltung nicht aus. Es bedarf vielmehr einer Vermittlung des Allgemeinen in der Theorie und des Konkreten in der Praxis. Im Rahmen der Lehrer*innenbildung kann die Rekonstruktion des Konkreten aus dem schulischen Alltag und dessen Verbindung mit theoretischen Erklärungsmodellen anhand von Methoden und Materialien wie Fallbeschreibungen, Videoaufnahmen von Unterrichtsepisoden, *critical incidents*, Vignetten und Anekdoten erprobt und eingeübt werden. Das in der Lehrer*innenbildung generell verankerte kasuistische Wissen dient der Fallanalyse von bereitgestellten exemplarischen Praxisszenen, aber auch der Fallarbeit am »eigenen Fall«, also der gelebten Erfahrung der (angehenden) Lehrperson im Zusammenhang mit

Traumata aus der eigenen schulischen Erfahrung – rückblickend als Schüler*in, aber auch als Lehrperson in der Ausbildung oder bereits aus der eigenen Unterrichtserfahrung.

Kasuistik oder »Was ist der Fall«?

Kasuistik in der Lehrer*innenbildung lässt sich als Antwort auf ein zentrales Problem der pädagogischen Praxis verstehen, nämlich die Diskrepanz zwischen Theorie und Praxis, die als »Technologieproblem der Erziehung« bekannt ist (Hummrich, 2016). Die Arbeit mit Fallbeispielen soll also die Lücke schließen, die in der Erziehungswissenschaft zwischen theoretischen Konzepten und deren praktischer Anwendung besteht. Dzengel (2016) hebt hervor, dass Kasuistik, also die Arbeit an und mit Fällen aus der schulischen Praxis, insbesondere in den Fachdidaktiken und in der Erziehungswissenschaft eine bedeutende Rolle spielt. Sie fördert die Professionalisierung von Lehramtsstudierenden, indem sie durch einen »forschenden Blick auf die Praxis« eine tiefere Reflexion und Anwendung theoretischer Konzepte ermöglicht. Die Kasuistik verbindet somit die empirische Untersuchung sozialer Realität mit praktischer Relevanz im schulischen Kontext. Dies spiegelt sich in häufig verwendeten Begriffen wie »Reflexion« in der Lehrer*innenbildung wider (Hummrich, 2016; Dzengel, 2016).

Die Frage »Was ist der Fall?« wird von Hummrich (2016) im Kontext der Erziehungswissenschaft als methodisch konstruierte Einheit beantwortet, die durch wissenschaftlich fundierte und empirisch gestützte Praktiken erst entsteht. Der Fall ist nicht einfach ein gegebener Sachverhalt, sondern das Ergebnis eines Prozesses, bei dem wissenschaftliche Erkenntnisse und praktische Handlungserfordernisse miteinander verknüpft werden. Dieser methodische Zugriff auf den Fall ermöglicht es, spezifische Phänomene zu analysieren, zu typisieren und allgemeine Strukturen des professionellen Handelns zu erschließen. In diesem Sinne fungiert der Fall als Brücke zwischen Theorie und Praxis, wodurch er nicht nur als einzelnes Ereignis, sondern auch als exemplarischer Ausdruck allgemeiner sozialer und kultureller Strukturen verstanden wird (ebd.).

Ein Fallbeispiel aus dem schulischen Alltag

Fallbeschreibung aus der Perspektive einer Lehrperson:
Ein Schüler der 5. Schulstufe geht öfter in Opposition gegenüber dem Mathematiklehrer. Er stellt seine Anweisungen regelmäßig infrage und beginnt, die Autorität der Lehrkraft vor der Klasse offen herauszufordern. Nach und nach ruft er auch andere Schüler*innen dazu auf, den Unterricht zu boykottieren. Anfangs ignoriert die Lehrperson das störende Verhalten, um mit dem geplanten Unterrichtsablauf fortzufahren. Später versucht er, mit freundlichen Ermahnungen auf den Schüler einzuwirken, jedoch ohne Erfolg. Das provokante Verhalten des Schülers eskaliert weiter und weitet sich auf die gesamte Klasse aus. Die Lehrperson erlebt die Situation als einen Machtkampf und versucht, durch konsequente Strenge zu reagieren. Die Störungen nehmen zu.

Die Lehrperson tauscht sich mit einer Kollegin aus, die meint, keine ernsthaften Störungen in derselben Klasse zu erleben. Sie bespricht die Situation mit der Schulleitung und es wird entschieden, dem Schüler mitzuteilen, dass sein Verhalten nicht mehr toleriert und er in eine andere Klasse versetzt wird – ohne dass weitergehende Maßnahmen zur Klärung der Situation erfolgen. Die Lehrperson bespricht die Entscheidung mit den Erziehungsberechtigten des Schülers, die mit der Entscheidung einverstanden sind.

In der neuen Klasse setzt der Schüler sein provokantes Verhalten fort. Bei jedem Gesprächsversuch verlangt er, dass ihm der Zeitpunkt für seine Rückkehr in die alte Klasse zugesichert wird. Schließlich wird der Schüler der Schule verwiesen, da sich die Lage nicht verbessert.

Reflexionsübung zum Fallbeispiel

1. Gegenstandsbestimmung: Was genau ist aus Ihrer Sicht am Fall von Interesse?
2. Verwendungszweck: Der Fall wird hier im Zusammenhang mit der Notwendigkeit einer reflexiven erkenntniskritischen Haltung der Lehrperson verwendet. Welche (potenziellen) Reflexionsmomente

können Sie hier erkennen? Wo findet eine Reflexion statt? An welcher Stelle wäre eine Reflexion angebracht (und wurde versäumt)?
3. Falldarstellung: Wie wird der Fall repräsentiert? Welche Daten, Perspektiven (z. B. Lehrer*innen und Schüler*innenstimme) und Analysen fehlen?
4. Betrachten Sie das Beispiel aus Trauma-informierter Perspektive und stellen Sie sich in Rückgriff auf die in den vorangegangenen Kapiteln eingeführten disziplinären Zugänge die Frage, ob dieses Fallbeispiel eine Trauma-Relevanz aufweisen kann.

5.3 Transformative Bildung

In den letzten Jahren ist der Begriff der »Transformation« zum Leitbegriff eines breiten Spektrums von Theorie-, Forschungs- und Praxiskontexten geworden. Der Begriff »Transformation« deutet darauf hin, dass Lern-, Entwicklungs- und Bildungsprozesse nicht nur durch kontinuierliche und akkumulative Schritte, sondern auch durch Auseinandersetzungen mit Irritationen, Krisen, Diskontinuitäten, desorientierenden Dilemmata und Erfahrungen des Scheiterns realisiert werden. Negative Erfahrungen sind aus dieser Perspektive konstitutiv für tiefgreifende bzw. transformative Erweiterung und Veränderung des jeweils gegebenen Erfahrungshorizonts (vgl. Yacek, 2022).

Dabei ist Bildung grundsätzlich als krisenhaftes Geschehen aufzufassen, das die Entwicklung eines neuen Selbst- und Weltverhältnisses herausfordert (vgl. Koller, 2016; 2018). Im Unterschied zum einfachen, additiven (Dazu-)Lernen, bei dem bestehende Selbst- und Weltverhältnisse lediglich modifiziert, bestätigt oder erweitert werden, bewirken tiefgreifende Bildungsprozesse eine radikale Transformation von Welt- und Selbstverhältnissen des Individuums. Bildung besteht diesem Ansatz zufolge aus der Eröffnung von alternativen Sichtweisen auf die bisherige Lebensform und die damit verbundenen Selbst- und Weltdeutungsschemata, Gewohnheiten und Formen der Problembearbeitung, die vor allem durch die Auseinandersetzung mit Krisenerfahrungen initiiert werden (Koller, 2018). Irritationen, Dilemmata, Krisen und Erfahrungen des Scheiterns veranlassen einen dazu, verinnerlichte Werte und Selbstverständnisse zu erkennen, zu hinterfragen und zu überwinden. Demnach weisen tiefgreifende Bildungsprozesse einen unstetigen und sprunghaften Charakter auf, der in der Regel durch disruptive Erfahrungen verursacht wird.

Wenn wir Lehrer*innenbildung – sei es in der universitären Erstausbildung, in der Fort- und Weiterbildung oder im *learning by doing* in und durch die Professionsausübung – als transformative Persönlichkeitsbildung eingebettet in einem Professionalisierungskontinuum verstehen, sind wir besser in der Lage auf die Unstetigkeit, Krisenhaftigkeit und Kontingenz des schulischen Alltags antworten zu können und diese als fruchtbare Momente des Lernens aufzufassen und zu nutzen. Ausgehend von John Deweys zentraler Annahme, dass der Anfang einer lernenden Erfahrung sowohl Handeln *(doing)* als auch reflektierende Erfahrung *(reflective experience)* voraussetzt, öffnet sich bei der Erfahrung kleinerer oder größerer Krisen ein Raum, der als ein »Zwischenraum des Lernens« (»the inbetween realm of learning«; English, 2013, S. 65) bezeichnet werden kann. Ein häufig zitiertes Beispiel von Dewey verdeutlicht den Unterschied und den Zusammenhang zwischen Erleben und Erfahrung: Es ist keine Erfahrung, wenn ein Kind nur seinen Finger in eine Flamme steckt; es ist Erfahrung, wenn die Bewegung mit dem erlebten Schmerz verbunden wird, den es in der Folge erleidet. Für Dewey besteht die Erfahrung, die zum Lernen führt, darin, dass das Kind die Beziehung zwischen dem Stecken des Fingers in die Flamme und dem Schmerz, der mit der Verbrennung verbunden ist, so reflektiert, dass sie für die Steuerung künftiger Erfahrungen fruchtbar wird.

Dieses Erleben im Sinne einer Unterbrechung oder Störung durch das Unbekannte oder Neue ist konstitutiv für den Zwischenraum des Lernens – zwischen der Unterbrechung in unserer Erfahrung und unserer Ankunft auf einem Ausweg aus einer schwierigen Begegnung mit der Welt. Die Betonung der Bedeutung der negativen Erfahrung hebt das Potenzial hervor, das in diesen fruchtbaren Momenten der Ungewissheit, des Zweifels, der Ratlosigkeit und Verwirrung steckt. Jede Erfahrung enthält ein Element des Erlebens, des Leidens im weitesten Sinne. Sonst gäbe es kein Aufnehmen dessen, was vorher war. Denn das »Aufnehmen« in jeder vitalen Erfahrung ist etwas mehr als das Auflegen von etwas auf die Spitze des Bewusstseins über das, was vorher bekannt war. Es beinhaltet eine Rekonstruktion, die schmerzhaft sein kann. In Deweys Worten:

> »There is an element of undergoing, of suffering in its large sense, in every experience. Otherwise, there would be no taking in of what preceded. For ›taking in‹ in any vital experience is something more than placing something on the top of consciousness over what was previously known. It involves reconstruction which may be painful« (Dewey, 1934, S. 47 f.).

Dewey verweist dabei ausdrücklich auf präreflexive Erfahrungssituationen, die einem Problem vorausgehen. Hier unterscheidet er zwischen einem »Problem« und dem »Zustand« der Ratlosigkeit, des Zweifels und der Verwirrung, der in unserer Erfahrung vor der Identifizierung des Problems auftritt. Er definiert »unbestimmte Situationen« (indeterminate situations) im Unterschied zu »problematischen Situationen« (problematic situations). »Unbestimmte Situationen« oder »gestörte Situationen« (disturbed situations) sind jene Situationen, in denen wir etwas als beunruhigend und störend erleben, aber das »Problem« noch nicht bestimmt haben (Dewey, 1938). Die »gestörte Situation« ist vorreflexive gelebte Erfahrung in ihrer basalen, existenziellen, präkognitiven Qualität, wie zum Beispiel das organische Ungleichgewicht des Hungers. Die Existenz solcher Situationen hat noch nichts Intellektuelles oder Kognitives an sich, wie Dewey beschreibt:

> »The indeterminate situation comes into existence from existential causes, just as does, say, the organic imbalance of hunger. There is nothing intellectual or cognitive in the existence of such situations, although they are the necessary condition of cognitive operations or inquiry. In themselves they are pre-cognitive« (Dewey, 1938, S. 111).

In der Begegnung mit Traumata – seien es Traumata von Schüler*innen oder auch von Lehrpersonen – erleben und spüren wir als Lehrpersonen eine Form von Zerrüttung, eine gewissermaßen irritierte »gestörte Situation«, die eine Reihe von existenziellen Erfahrungen wie Entrüstung, Bedrohung und Bestürzung und Angst auslösen kann. Die Brucherfahrung der gestörten Situation selbst ist präreflexiv, kann aber in eine reflektierende Erfahrung, in eine bestimmte Problem- oder Fragestellung umgewandelt werden, wenn sie bewusst und überlegt angenommen wird (English, 2013). Damit wir etwas als Problem, das es zu lösen gilt, erkennen oder identifizieren können, müssen wir die präkognitive Erfahrung zuerst kognitiv verarbeitet haben. Etwas als Problem im Dewey'schen Sinne zu bezeichnen, setzt voraus, dass wir unsere präreflexive Erfahrung intellektualisiert und in ein zu lösendes Problem, »a problem to be solved«, verwandelt haben (Dewey, 2008, S. 200f.). Im Prozess des reflexiven Nachdenkens verleihen wir der Erfahrung Bedeutung, versuchen, die vielfältigen Sinnebenen zu verstehen, sie zu untersuchen und als Ausgangsbasis von Handeln und Entscheidungen fassbar zu machen. Wir erkennen, dass unser bisheriger funktionaler Wissensbestand nicht ausreicht, aber wir wissen noch nicht, was wir ändern sollen oder wie wir herausfinden können, was geändert werden muss (English, 2013). Dieser Zustand der Schwebe markiert den Anfang eines Lernprozesses. Was wir mit den eröffneten Möglichkeiten tun, ist jedoch eine Frage der Wahl.

Lässt sich eine Lehrperson auf diese Art transformativer Lern- und Bildungsprozesse ein, entsteht aus anfänglichen präreflexiven Unsicherheiten und Verwirrungen der momentanen Begegnung im Trauma ein reflexiv-transformativer Anfang. Sie verwandelt die präreflexive Brucherfahrung in ein »Problem«, das reflektiv erforscht werden kann. Reflexivtransformative Persönlichkeitsbildung findet dann statt, wenn wir entscheiden, ob, wie und in welchem Ausmaß wir die »negative Erfahrung« in eine reflektierende Erfahrung transformieren können. »Put simply, one chooses to transform one's own confusion or perplexity into a problem that one can reflectively deal with« (ebd., S. 77).

Anfänge des Lernens

Reflexionsübung

1. Denken Sie an ein bestimmtes Erlebnis oder einen bestimmten Moment, in dem Sie eine Situation erlebt haben, die für Sie selbst Erfahrungen wie Entrüstung, Bedrohung und Bestürzung ausgelöst hat.

2. Schreiben Sie diesen Vorfall in einer sehr kurzen und einfachen Geschichte auf, wie Sie ihn in Erinnerung haben. Was ist passiert? Was haben Sie gesehen, gehört, gefühlt, gedacht, getan?
3. Erst, wenn Sie mit der Beschreibung des Vorfalls fertig sind, stellen Sie sich folgende Fragen:
   a) An welcher Stelle dieser Geschichte war ich in der »präreflexiven« Phase, also überhaupt noch nicht reflektierend, sondern eher reagierend?
   b) An welcher Stelle dieser Geschichte ist eine Art Denken, Nachdenken, Überlegen, Rätseln, Abwägen eingetreten? Was habe ich mir dabei gedacht? Habe ich den Vorfall als ein »Problem« erlebt bzw. erfasst? Habe ich daran gedacht, wie ich damit umgehen muss?
4. Können Sie jetzt rückblickend feststellen, dass Sie aus dieser Erfahrung etwas gelernt haben?
5. Auch wenn nicht jede Erfahrung der Entrüstung, Bedrohung und Bestürzung mit Traumata zu tun hat, stellen Sie sich die Frage, ob dieser Vorfall eine Trauma-Relevanz hat.

Diese Art der »reflection on action« (Schön, 1983) kann aber nur abseits des Handlungsdrucks der alltäglichen schulischen Praxis geschehen und braucht einen »handlungsentlasteten Raum« (Helsper, 2001) für das Rekonstruieren und die kognitive Verarbeitung der Erfahrungen. In der Erstausbildung von Lehrpersonen, im Lehramtsstudium, ist die Grundlegung eines wissenschaftlich-reflexiven Habitus (Helsper, 2001) durch die Vermittlung von wissenschaftlichen Erklärungsschemata von entscheidender Bedeutung. Das Krisenhafte und die Brüchigkeit des schulischen Lernens können unter anderem anhand von Fallbeispielen (siehe Kasten »Kasuistik oder ›Was ist der Fall?‹« in ▶ Kap. 5.2) in das Blickfeld gerückt werden. Durch systematische Fallarbeit und methodisch geführte Falltheoretisierung können so das Potenzial von Diskontiniuitäten und die Kraft der Negativität von Erfahrung als Anfänge des Lernens in der pädagogisch-professionellen Praxis erkennbar gemacht werden. In der Praxis trägt eine derart grundgelegte fallrekonstruktive Kompetenz (ebd.) dazu bei, fruchtbare Momente des Lehrer*innen-Lernens zu erkennen.

Das selbstreflexive Arbeiten am »eigenen Fall« kann im kollegialen Austausch (z. B. in kollegialen Fallrunden) das Erkennen von (übersehenen) fruchtbaren Momenten aus der eigenen täglichen Unterrichtspraxis unterstützen. Eine multiprofessionelle Zusammen- und Teamarbeit (z. B. mit Schulpsycholog*innen, Sozialarbeiter*innen und weiteren auch außerschulischen Expert*innen) unterstützt das gemeinsame Lernen am Schulstandort. Das Fortschreiten der einzelnen Lehrperson entlang eines pädagogischen Professionalisierungskontinuums wird eingebettet in einem kollektiven Antwortsuchen auf die Krisenhaftigkeit der pädagogischen Wirklichkeit im schulischen Alltag.

5.4 Inklusionsorientierte Trauma-informierte Schule

Auch wenn – und gerade weil – konzeptionelle Zugänge zum Verstehen von und zum Umgang mit Trauma bisher primär in medizinischen und psychologischen Paradigmen verankert sind (▶ Kap. 2), hebt dieses Handbuch die Relevanz von Trauma-Informiertheit als eine integrale Dimension der pädagogischen Professionalität von Lehrpersonen hervor. Dabei geht die Verortung von Trauma-Informiertheit in der Schulpädagogik – wie in den vorangegangenen Kapitel bereits mehrfach betont – über bestehende traumapädagogischen Ansätze hinaus, indem sie den Blick von (angehenden) Lehrpersonen von einer auf das Individuum fokussierten pädagogischen oder therapeutischen Handlungsebene auch auf eine umfassende Sichtweise von Schule in ihrer Gesamtheit und Verantwortung lenkt: ein Ansatz, der in diesem Handbuch als inklusionsorientierte Trauma-informierte Schule bezeichnet wird.

Im Sinne einer »Pädagogik der Vielfalt« Prengel (2006) sind negative vergangene und gegenwärtige Erfahrungen und »difficult experiences of trauma« (Zembylas, 2020) genauso Bestandteile der Lebenswelt Schule –

5.4 Inklusionsorientierte Trauma-informierte Schule

für alle – wie alle anderen vielfältigen Facetten (von Schüler*innen und Lehrer*innen), die Schule als gemeinsamen Lebensraum ausmachen.

Dieser inklusionsorientierte Zugang führt zu einem Shift in der pädagogischen Aufmerksamkeit, weg von »Störungsbehebung« hin zur Gestaltung eines inklusiven Lebensraums für alle. Es eröffnet sich damit die Möglichkeit für die (Um-)Gestaltung von Lehr- und Lernsettings, in denen Hindernisse gemeinsam bearbeitet werden können, fehlende Expertise eingeholt werden kann, und Kompetenzen durch (schulinterne oder -externe) Trauma-bezogene Weiter- und Fortbildungsangebote aufgebaut werden können.

In einer inklusionsorientierten Trauma-informierten Schule ist nicht ausschließlich eine spezifisch ausgebildete Fachkraft mit medizinischer oder psychologischer Expertise zuständig für eine kleinere oder größere Schüler*innengruppe mit diagnostiziertem Trauma, sondern es ergibt sich vielmehr aus der Notwendigkeit der gemeinsamen pädagogischen Verantwortung eine Form der transdisziplinären Zusammenarbeit bzw. Teamarbeit mit einer Blickrichtung auf alle. Der konzeptionelle Rahmen einer Pädagogik mit inklusivem Fokus (Luder et al., 2019), in dem wir in diesem Handbuch Trauma-Informiertheit verorten, stärkt die Partizipation aller am Schulleben Beteiligten, geht von Zusammenarbeit und gegenseitiger Unterstützung als Organisationsprinzip aus, involviert Akteur*innen über die Schule hinaus und arbeitet mit jener Heterogenität, welche die konkrete Schulgemeinschaft aufweist. Die Verortung von Trauma-bezogenen pädagogischen Ansätzen in den konzeptionellen Rahmen einer Pädagogik mit inklusivem Fokus hebt insbesondere den prozessualen, fortlaufenden Charakter schulischer Entwicklung hervor, der auch Änderungen in der gesamtgesellschaftlichen Entwicklung notwendig macht (z. B. Lombe & Sherraden, 2008).

In der nachfolgenden Tabelle (▶ Tab. 5.1) werden einige der Unterschiede zwischen einer Pädagogik mit inklusivem Fokus und ohne diesen veranschaulicht.

5 Professionalisierung für die Trauma-informierte Schule

Tab. 5.1: Pädagogik mit und ohne inklusiven Fokus (in Anlehnung an Müller Bösch & Schaffner Menn, 2021)

pädagogische und didaktische Themen	ohne inklusiven Fokus	mit inklusivem Fokus
Arbeitsform Klasse	homogene Gruppen	Heterogenität als Stärke
Arbeitsform mit Schüler*innen	Trennung nach Fähigkeiten, Professionist*innen arbeiten mit ausgewählten Schüler*innen	Zusammenarbeit Lernender und Lehrender
Grundlage für pädagogische Arbeit	individuelle Optimierung (Behandlung)	Partizipation als gemeinsame Zielsetzung
pädagogische Inhalte	vereinfachte und reduzierte ausgewählte Inhalte	Gruppen mit unterschiedlichen Kompetenzen, Lernen am gemeinsamen Gegenstand, gemeinsame Projekte, Universal Design for Learning (UDL) etc.

Der in diesem Buch vorgestellte Ansatz versteht sich als Perspektivenwechsel, als Wechsel der Sichtweise auf die pädagogischen Aufgaben in Bezug auf Trauma und Schule, und steht somit im Kontrast zum zusätzlichen Erlernen eines weiteren Kompetenzbereichs aus dem breiten Spektrum pädagogischer und didaktischer Kompetenzen, über die Lehrkräfte verfügen müssen. Es geht nicht um Dazulernen, sondern um eine Neuorientierung. Unter Trauma-informierter pädagogischer Professionalität verstehen wir nicht die bloße Erweiterung eines Kompetenzkatalogs, sondern die Eröffnung einer alternativen Perspektive auf pädagogisches Denken, Verstehen, Reden und Handeln in Bezug auf Traumata im Kontext Schule. Dies erfordert die Überwindung gängiger Formen der Problembearbeitung, insbesondere der Betrachtung und des Umgangs mit Erfahrungen von Trauma als nur individuelles Problem eines*einer Schülers*in. Der Übergang von einem auf das Individuum reduzierten

5.4 Inklusionsorientierte Trauma-informierte Schule

Blick zu einer darüber hinausgehenden systematischen Sichtweise erfordert Akteur*innen, die bereit sind, vorgegebene Normen kritisch zu hinterfragen. Ein solcher intendierter Perspektivenwechsel kann in einem ersten Schritt durch die Lektüre angeregt werden. Der Vollzug des Perspektivenwechsels braucht allerdings mehr als ein aus der relevanten Literatur erworbenes Theoriewissen. Die Übersetzung des Wissens in die Praxis wird vor allem durch die selbstreflexive Auseinandersetzung mit (Krisen-)Erfahrungen initiiert, also in der bewussten Problematisierung der eigenen Irritationen, Dilemmata und Erfahrungen des Scheiterns im Umgang mit Situationen, welche die Lehrperson als »gestörte Situationen« erlebt. Erst durch die Reflexion des eigenen Handelns in der problematischen Situation – und in einem weiteren Schritt – ergänzt durch Bezugnahme auf konzeptionelles Wissen können verinnerlichte Werte und Selbstverständnisse erkannt und zugunsten von alternativen Sichtweisen überwunden werden.

Damit lädt das Buch zum Weiterdenken ein, da die praktische Umsetzung der angestrebten Perspektivenwechsel möglicherweise noch nicht durchexerziert ist und es daher noch mehr lernbereiter Praktiker*innen bedarf, die bereit sind, Annahmen kritisch zu hinterfragen, Schritte kreativ zu erproben, flexibel zu handeln, gemeinsam zu reflektieren, Praxiswissen zu generieren und das Umlernen beharrlich voranzutreiben.

Aufgaben zur Vertiefung

1. Wie kann es Ihnen als (angehende) Lehrperson gelingen, eine Trauma-informierte Lehr-/Lernumgebung zu schaffen? Welche Merkmale muss diese Lehr-/Lernumgebung aufweisen, damit sie als Trauma-informiert betrachtet werden kann?
2. Setzen Sie sich mit der These auseinander, dass Trauma-Informiertheit als eine Dimension pädagogisch-professionellen Handelns gilt. Wäre es gerechtfertigt, im Umkehrschluss zu behaupten, dass Trauma-Ignoranz die pädagogische Professionalität einer Lehrperson beeinträchtigt? Begründen Sie Ihre Antwort im Austausch mit Kolleg*innen.

3. Setzen Sie sich mit der These auseinander, dass Selbstreflexionsfähigkeit und (selbst-)biografisches Wissen notwendig dafür sind, sich mit den eigenen unbewussten Orientierungen und biografischen Erfahrungen auseinanderzusetzen, eigene impliziten Deutungsmuster, Vorlieben und Abneigungen zu erkennen.

   a) Denken Sie darüber nach, welche impliziten und expliziten Überzeugungen Sie zu Kindern und Jugendlichen mit Traumaerfahrung haben.

   b) Denken Sie darüber nach, wie sich Ihre eigenen »difficult experiences of trauma« auf Ihr Denken und Handeln als Lehrperson auswirken.

Literatur

Ainscow, M., Booth, T. & Dyson, A. (2006). Improving schools, developing inclusion. London: Routledge.
Ames, R. L. & Loebach, J. E. (2023). Applying trauma-informed design principles to therapeutic residential care facilities to reduce retraumatization and promote resiliency among youth in care. Journal of Child & Adolescent Trauma, 16(4), 805–817.
Antonovsky, A. (1979). Health, stress and coping. London: Jossey-Bass.
APA – American Psychiatric Association (2013). Diagnostic and statistical manual of mental disorders: DSM-5. Washington, DC: APA.
Astleithner, F., Vogl, S. & Parzer, M. (2021). Zwischen Wunsch und Wirklichkeit: Zum Zusammenhang von sozialer Herkunft, Migration und Bildungsaspirationen. Österreichische Zeitschrift für Soziologie, 46(3), 233–256.
Baker, C. N., Brown, S. M., Overstreet, S. & Wilcox, P. D. (2021). Validation of the attitudes related to trauma-informed care scale (ARTIC). Psychological Trauma: Theory, Research, Practice, and Policy, 13(5), 505.
Baker-Bell, A. (2020). Linguistic justice: Black language, literacy, identity, and pedagogy. New York: Routledge.
Baldus, M. (2017). »A safe place is only as safe as it feels« – Schulen als sichere Orte für traumatisierte Kinder. Diskurs Kindheits-und Jugendforschung/Discourse. Journal of Childhood and Adolescence Research, 12(2), 15–16.
Benjet, C., Bromet, E., Karam, E. G., Kessler, R. C., McLaughlin, K. A., Ruscio, A. M., Shahly, V., Stein, D. J., Petukhova, M., Hill, E., Alonso, J., Atwoli, L., Bunting, B., Bruffaerts, R., Caldas-de-Almeida, J. M., de Girolamo, G., Florescu, S., Gureje, O., Huang, Y., Lepine, J. P., … Koenen, K. C. (2016). The epidemiology of traumatic event exposure worldwide: results from the World Mental Health Survey Consortium. Psychological Medicine, 46(2), 327–343. https://doi.org/10.1017/S0033291715001981
Berger, R., Abu-Raiya, H. & Benatov, J. (2016). Reducing primary and secondary traumatic stress symptoms among educators by training them to deliver a resiliency program (ERASE-Stress) following the Christchurch earthquake in New Zealand. The American Journal of Orthopsychiatry, 86(2), 236–251. https://doi.org/10.1037/ort0000153

Biewer, G., Proyer, M. & Kremsner, G. (2019). Inklusive Schule und Vielfalt. Stuttgart: Kohlhammer.

Bloom, S. L. & Farragher, B. (2013). Restoring sanctuary: A new operating system for trauma-informed systems of care. New York, NY: Oxford University Press.

Bogyi, G. (2011). Traumatisierung im Kindes- und Jugendalter: Traumatische Erfahrungen zeigen ein breites Spektrum an Traumafolgestörungen. Pädiatrie & Pädologie, 46, 34–37.

Borntrager, C., Caringi, J. C., van der Pol, R., Crosby, L., O'Connell, K., Trautman, A. & McDonald, M. (2012). Secondary traumatic stress in school personnel. Advances in School Mental Health Promotion, 5(1), 38–50. https://doi.org/10.1080/1754730X.2012.664862

Boullier, M. & Blair, M. (2018). Adverse childhood experiences. Paediatrics and Child Health, 28(3), 132–137.

Brewin, C. R., Andrews, B. & Valentine, J. D. (2000). Meta-analysis of risk factors for posttraumatic stress disorder in trauma-exposed adults. Journal of Consulting and Clinical Psychology, 68(5), 748–766.

Brisch, K. H. & Hellbrügge, T. (2009). Bindung und Trauma: Risiken und Schutzfaktoren für die Entwicklung von Kindern. Stuttgart: Klett-Cotta.

Brunzell, T., Stokes, H. & Waters, L. (2016). Trauma-informed flexible learning: Classrooms that strengthen regulatory abilities. International Journal of Child, Youth and Family Studies, 7 (2), 218–239. https://doi.org/10.18357/ijcyfs7221615719

Brunzell, T., Stokes, H. & Waters, L. (2019). Shifting teacher practice in trauma-affected classrooms: Practice pedagogy strategies within a trauma-informed positive education model. School Mental Health, 11(3), 600–614. https://doi.org/10.1007/s12310-018-09308-8

Brynjolfsson, E. & McAfee, A. (2014). The second machine age: Work, progress, and prosperity in a time of brilliant technologies. W. W. Norton & Company.

Buchner, T. (2022). Ableism verlernen? Reflexionen zu Bildung und Fähigkeit als Professionalisierungsangebot für Lehrer*innen im Kontext inklusiver Bildung. In Y. Akbaba, T. Buchner, A. M. B. Heinemann, D. Pokitsch & N. Thoma (Hrsg.), Lehren und Lernen in Differenzverhältnissen: Interdisziplinäre und Intersektionale Betrachtungen. 203–227. Wiesbaden: Springer VS.

Butler, L., Critelli, F. & Rinfrette, E. (2011). Trauma-informed care and mental health. Directions in Psychiatry, 31, 197–212.

Carello, J. & Butler, L. D. (2015). Practicing what we teach: Trauma-informed educational practice. Journal of Teaching in Social Work, 35(3), 262–278. https://doi.org/10.1080/08841233.2015.1030059

Chafouleas, S. M., Pickens, I. & Gherardi, S. A. (2021). Adverse childhood experiences (ACEs): Translation into action in K12 education settings. School Mental Health, 13(2), 213–224. https://doi.org/10.1007/s12310-021-09427-9

Cohen, J. A., Mannarino, A. P. & Deblinger, E. (2009). Trauma-focused cognitive behavioral therapy for children and adolescents: Treatment applications. New York: Guilford Press.

Craig, S. E. (2016). Trauma-sensitive schools. New York: Teachers College Press.

Creswell, J. W. & Creswell, J. D. (2018). Research design: Qualitative, quantitative, and mixed methods approaches. Los Angeles: Sage.

Crosby, S. D. (2015). An ecological perspective on emerging trauma-informed teaching practices. Children and Schools, 37(4), 223–230. https://doi.org/10.1093/cs/cdv027

David, M. (2014). Feminism, gender and universities: Politics, passion and pedagogies. New York: Routledge.

Dewey, J. (1934). Art as experience. London: Allen & Unwin.

Dewey, J. (1938). Logic: The theory of inquiry. New York, NY: Holt.

Dewey, J. (2008). How we think. In Jo Ann Boydston & Bridget A. Walsh (Hrsg.), The later works, 1925–1953. Volume 8: 1933 (S. 105–356). Carbondale: Southern Illinois University Press.

Dzengel, J. (2016). Kasuistik in der Lehrerbildung als Vermittlungsinstanz zwischen Theorie und Praxis? In T. Burger & N. Miceli, (Hrsg.), Empirische Forschung im Kontext Schule. 373–391. Wiesbaden. Springer VS. https://doi.org/10.1007/978-3-658-15437-0_24

Elliott, D. E., Bjelajac, P., Fallot, R. D., Markoff, L. S. & Reed, B. G. (2005). Trauma-informed or trauma-denied: Principles and implementation of trauma-informed services for women. Journal of Community Psychology, 33(4), 461–477. https://doi.org/10.1002/jcop.20063

Ellis, A. E. (2017). Trauma and posttraumatic stress disorder in lesbian, gay, bisexual, transgendered and queer individuals. Trauma Psychology, 56.

English, A. (2013). Discontinuity in learning: Dewey, Herbart, and education as transformation. New York: Cambridge University Press.

Falkai, P., Wittchen, H. U., Döpfner, M., Gaebel, W., Maier, W., Rief, W., Saß, H. & Zaudig, M. (Hrsg.). (2020). Diagnostische Kriterien DSM-5®. Göttingen: Hogrefe.

Felitti, V. J., Anda, R. F., Nordenberg, D., Williamson, D. F., Spitz, A. M., Edwards, V., Koss, M. P. & Marks, J. S. (1998). Relationship of childhood abuse and household dysfunction to many of the leading causes of death in adults. The Adverse Childhood Experiences (ACE) Study. American Journal of Preventive Medicine, 14(4), 245–258. https://doi.org/10.1016/S0749-3797(98)00017-8

Forghani-Arani, N. (2016). Tacting macht Schulen stark – auch in Zeiten kultureller (Hoch)Spannungen. In Projektteam NOESIS (Hrsg.), Was Schulen stark macht: Zur Evaluation der Niederösterreichischen Mittelschule. 155–168. Graz: Leykam.

Fischer, G. & Riedesser, P. (2006). Psychotraumatologie und Psychoanalyse. Forum der Psychoanalyse, 22, 103–106. https://doi.org/10.1007/s00451-006-0272-y

Literatur

Fischer, G., Riedesser, P. (2009). Lehrbuch der Psychotraumatologie. München: Ernst Reinhardt.

Fischer, G. & Riedesser, P. (2023). Lehrbuch der Psychotraumatologie. München: Ernst Reinhardt.

Frey, N., Fisher, D., Smith, D. & Hattie, J. (2020). Trauma-informed design in the classroom: Creating environments that support healing and learning. ASCD, 78(2).

Gay, G. (2018). Culturally responsive teaching: Theory, research, and practice. 3. Aufl. New York: Teachers College Press.

Gahleitner, S. B. (2020). Das pädagogisch-therapeutische Milieu in der Arbeit mit Kindern und Jugendlichen: Trauma- und Beziehungsarbeit in stationären Einrichtungen. Köln: Psychiatrie Verlag.

Ginwright, S. (2021). The future of healing: Shifting from trauma-informed care to healing-centered engagement. Youth. Research & Evaluation eXchange, 19.01.2021. https://youthrex.com/blog/the-future-of-healing-shifting-from-trauma-informed-care-to-healing-centered-engagement/

Glaesmer, H., Reichmann-Radulescu, A., Brähler, E., Kuwert, P. & Muhtz, C. (2011). Transgenerationale Übertragung traumatischer Erfahrungen: Wissensstand und theoretischer Rahmen und deren Bedeutung für die Erforschung transgenerationaler Folgen des Zweiten Weltkrieges in Deutschland. Trauma & Gewalt, 5(4), 330–343.

Grabe, H. J. & Mahler, J. (2012). Traumatisierung, Genetik, Posttraumatische Belastungsstörung. In I. Özkan, U. Sachsse & A. Streeck-Fischer (Hrsg.), Zeit heilt nicht alle Wunden: Kompendium zur Psychotraumatologie. Göttingen: Vandenhoeck & Ruprecht.

Graubner, B. (2013). ICD-10-GM 2014 Systematisches Verzeichnis: Internationale statistische Klassifikation der Krankheiten und verwandter Gesundheitsprobleme. 11. Revision – German Modification Version 2014. Köln:_ Deutscher Ärzteverlag.

Greiner, L. E. (1972). Evolution and revolution as organizations grow. Harvard Business Review, 50(4), 37–46.

Hamburger, A. (2016). Soziales Trauma. Forum der Psychoanalyse, 32, 151–164. https://doi.org/10.1007/s00451-016-0231-1

Harris, M. E. & Fallot, R. D. (2001). Using trauma theory to design service systems. Jossey-Bass.

Helsper, W. (2001). Praxis und Reflexion – die Notwendigkeit einer »doppelten Professionalisierung« des Lehrers. Journal für LehrerInnenbildung, 1(3), 7–15.

Helsper, W. (2021). Professionalität und Professionalisierung pädagogischen Handelns: Eine Einführung. Opladen: Verlag Barbara Budrich.

Hensel, T. (2020). Stressorbasierte Psychotherapie: Belastungssymptome wirksam transformieren-ein integrativer Ansatz. Stuttgart: Kohlhammer.

Herman, J. L. (1992). Trauma and Recovery: The aftermath of violence – from domestic abuse to political terror. New York: Basic Books.

Hill, C., Rosehart, P., St. Helene, J. & Sadhra, S. (2020). What kind of educator does the world need today? Reimagining teacher education in post-pandemic Canada. Journal of Education for Teaching, 464(4), 565–575. https://doi.org/10.1080/026 07476.2020.1797439

Hinterkörner-Wittinghofer, M. (2023). Leitfaden für Traumabewältigung in der Schule Schule.at. https://www.schule.at/fileadmin/schule.at/Serien/Schulalltag/Traumabewaeltigung_end.pdf

Hopmann, S. T. & Künzli, R. (1995). Schließt die Schule! Eine schulpädagogische Widerrede. Pädagogik, 47, 39–41.

Hopper, E., Bassuk, E. & Olivet, J. (2010). Shelter from the storm: trauma-informed care in homelessness services settings. Open Health Services and Policy Journal, 3, 80–100.

Hummrich, M. (2016). Was ist der Fall? In M. Hummrich, A. Hebenstreit, M. Hinrichsen & A. Meier (Hrsg.), Was ist der Fall? Kasuistik und das Verstehen pädagogischen Handelns. 13–37. Wiesbaden: Springer VS.

Hydon, S., Wong, M., Langley, A. K., Stein, B. D. & Kataoka, S. H. (2015). Preventing secondary traumatic stress in educators. Child and Adolescent Psychiatric Clinics, 24(2), 319–333.

Isobel, S. & Delgado, C. (2018). Safe and collaborative communication skills: a step towards mental health nurses implementing trauma informed care. Archives of Psychiatric Nursing, 32, 291–296.

Israel, B. A., Eng, E., Schulz, A. J. & Parker, E. A. (Hrsg.). (2012). Methods for community-based participatory research for health. 2. Aufl. San Francisco: Jossey-Bass.

Jäckle, M., Wuttig, B. & Fuchs, C. (2017). Traumatische Gespenster. Differenzen und Ambivalenzen von Leid, Macht und Bildung. In dies (Hrsg.), Handbuch Trauma – Pädagogik – Schule. 10–32. Bielefeld: transcript.

Kazelman, C. (2021). Trauma informed practice. Mental Health Australia, 04.02.2021. https://mhaustralia.org/general/trauma-informed-practice

Keilson, H. (2005). Sequentielle Traumatisierung bei Kindern. Untersuchung zum Schicksal jüdischer Kriegswaisen. Gießen: Psychosozial-Verlag.

Kellermann, N. P. (2011). Geerbtes Trauma – Die Konzeptualisierung der transgenerationellen Weitergabe von Traumata. Göttingen: Wallstein Verlag.

Khasnabis, D. & Goldin, S. (2020). Don't be fooled, trauma is a systemic problem: Trauma as a case of weaponized educational innovation. Bank Street College of Education. https://www.bankstreet.edu/research-publications-policy/occasional-paper-series/archive/ops-43/dont-be-fooled/

Koenen, K. C. (2016). The epidemiology of traumatic event exposure worldwide: Results from the World Mental Health Survey Consortium. Psychological Medicine, 46(2), 327–343.

Koenig, A., Rodger, S. & Specht, J. (2017). Educator burnout and compassion fatigue: A pilot study. Canadian Journal of School Psychology, 32(1), 1–20.

Koller, H. (2016). Über die Notwendigkeit von Irritationen für den Bildungsprozess. Grundzüge einer Transformatorischen Bildungstheorie. In A. Lischewski (Hrsg.), Negativität Als Bildungsimpuls? Über die pädagogische Bedeutung von Krisen, Konflikten und Katastrophen. 213–235. Leiden: Brill Schöningh.

Koller, H. (2018). Bildung anders denken: Einführung in die Theorie transformatorischer Bildungsprozesse. 2. Aufl. Stuttgart: Kohlhammer.

Koller, H. (2020). Grundbegriffe, Theorien und Methoden der Erziehungswissenschaft. 9. Aufl. Stuttgart: Kohlhammer.

Kraft, M. E. & Furlong, S. R. (2019). Public policy: Politics, analysis, and alternatives. 6. Aufl. CQ Press.

Kühn, M. (2008). Wieso brauchen wir eine Traumapädagogik? Annäherung an einen neuen Fachbegriff. Trauma & Gewalt, 2(4), 318–327.

Kühn, M. (2017). Trauma, Resilienz und Widerstand: »Traumatisiert« oder »resilient«: die Gefahr des Schubladen-Denkens. In M. Jäckle, B. Wuttig & C. Fuchs (Hrsg.), Handbuch Trauma – Pädagogik – Schule. 596–610. Bielefeld: transcript. https://doi.org/10.1515/9783839425947-029

Kühner, A. (2008). Trauma und kollektives Gedächtnis. Gießen: Psychosozial-Verlag.

Lambert, J. (2012). Secondary trauma and its implications. Journal of Trauma & Stress Studies, 25(4), 123–135. https://doi.org/10.1002/jts.20256

Landolt, M. A. & Hensel, T. (Hrsg.). (2012). Traumatherapie bei Kindern und Jugendlichen. Göttingen: Hogrefe.

Lawson, H. A., Caringi, J. C., Gottfried, R., Bride, B. E. & Hydon, S. P. (2019). Educators' secondary traumatic stress, children's trauma, and the need for trauma literacy. Harvard Educational Review, 89(3), 421–447. https://doi.org/10.17763/1943-5045-89.3.421

Lellau, D. P. J. (2005). Zum Problem des Traumabegriffes in der Psychoanalyse. Forum der Psychoanalyse, 2(21), 143–155.

Leuzinger-Bohleber, M. (2017). Embodied empathy – Clinical and developmental perspectives in psychoanalysis. In V. Lux & S. Weigel (Hrsg.), Empathy: Epistemic Problems and Cultural-Historical Perspectives of a Cross-Disciplinary Concept. 49–91. London: Palgrave Macmillan.

Levenson, J. S. (2017). Trauma-informed social work practice. Social Work, 62(2), 105–113. https://doi.org/10.1093/sw/swx001

Levenson, J. S., Willis, G. M. & Prescott, D. S. (2014). Adverse childhood experiences in the lives of male sex offenders: Implications for trauma-informed care. Sexual Abuse, 28(4), 340–359. https://doi.org/10.1177/1079063214535819

Liasidou, A. (2022a). Decolonizing inclusive education through trauma-informed theories. Scandinavian Journal of Disability Research, 24(1), 277–288. https://research.stmarys.ac.uk/id/eprint/5819/1/decolonizing%20inclusive%20education.pdf

Liasidou, A. (2022b). Inclusive education as a trauma-responsive practice: research-based considerations and implications. International Journal of Inclusive Education, 29(11), 2411–2423. https://doi.org/10.1080/13603116.2022.2107720

Lombe, M. & Sherraden, M. (2008). Inclusion in the policy process: An agenda for participation of the marginalized. Journal of Policy Practice, 7(2–3), 199–213. https://doi.org/10.1080/15588740801938043

Loomis, A. M. (2018). The role of preschool as a point of intervention and prevention for trauma-exposed children: Recommendations for practice, policy, and research. Topics in Early Childhood Special Education, 38(3), 134–145.

Luder, R., Kunz, A. & Müller Bösch, C. (2019). Das Besondere der Pädagogik einer inklusiven Schule. In R. Luder, A. Kunz & C. Müller Bösch (Hrsg.), Inklusive Pädagogik und Didaktik. Bern: Hep Verlag.

Maercker, A. (2013). Posttraumatische Belastungsstörungen. 4. Aufl. Berlin u. Heidelberg: Springer.

Maercker, A. & Eberle, D. J. (2022). Was bringt die ICD-11 im Bereich der trauma- und leistungsbezogenen Diagnosen? Verhaltenstherapie, 32(3), 62–71.

Maercker, A., Michael, T. (2009). Posttraumatische Belastungsstörungen. In J. Margraf & S. Schneider, S. (Hrsg.), Lehrbuch der Verhaltenstherapie. Berlin u. Heidelberg: Springer. https://doi.org/10.1007/978-3-540-79543-8_6

McDonald, M. (2012). Secondary traumatic stress in school personnel. Advances in School Mental Health Promotion, 5(1), 38–50. https://doi.org/10.1080/1754730X.2012.664862

McInerney, M. & McKlindon, A. (2015). Unlocking the door to learning: Trauma-informed classrooms and transformational schools. Education Law Center. https://www.elc-pa.org/wp-content/uploads/2015/06/Trauma-Informed-in-Schools-Classrooms-FINAL-December2014-2.pdf

Mecheril, P. (2003). Prekäres Wissen: Reflexionen über Passagen des Fremd- und Eigenen. Münster: Waxmann.

Mecheril, P. (2010). Bildungsandere: Vorüberlegungen zu einer Theorie und Empirie der migrationspädagogischen Anrufung. In P. Mecheril (Hrsg.), Migrationspädagogik. 271–285. Weinheim: Beltz.

Melnyk, B. M. & Fineout-Overholt, E. (2018). Evidence-based practice in nursing & healthcare: A guide to best practice. 4. Aufl. Chicago: Wolters Kluwer.

Meyers, S., Rowells, M. W. & Smith, B. C. (2019). Teacher empathy: A model of empathy for teaching for student success. College Teaching, 67(3), 160–168. https://doi.org.10.1080/87567555.2019.1579699

Miller, D. & Santos, R. M. (2020). The characteristics among maltreatment, special education service delivery, and personnel preparation. The Journal of Special Education, 53(4), 216–225.

Missouri Department of Mental Health (2019). Missouri model for trauma-informed schools. https://dmh.mo.gov/media/pdf/missouri-model-trauma-informed-schools

Müller Bösch, C. & Schaffner Menn, A. (2021). Inklusiver Unterricht: Lernen in einem universellen Design am gemeinsamen Gegenstand. In A. Kunz, R. Luder & C. Müller Bösch (Hrsg.), Inklusive Pädagogik und Didaktik (S. 93–119). Bern. Hep Verlag.

National Child Traumatic Stress Network, Schools Committee (2017). Creating, supporting, and sustaining trauma-informed schools: A system framework. National Center for Child Traumatic Stress. https://www.nctsn.org/resources/creating-supporting-and-sustaining-trauma-informed-schools-system-framework

Neudecker, B. (2023). Unerträgliches Ertragen. Überlegungen zur Traumapädagogik aus psychoanalytisch-pädagogischer Perspektive. Enzyklopädie Erziehungswissenschaft Online. https://doi.org/10.3262/EEO19230477

Nijenhuis, E. (2018). Die Trauma-Trinität: Ignoranz – Fragilität – Kontrolle: Enaktive Traumatherapie. Die Entwicklung des Traumabegriffs /Traumabedingte Dissoziation: Konzept und Fakten. Göttingen: Vandenhoeck & Ruprecht.

O'Toole, V. M. & Friesen, M. D. (2016). Learning to stay calm: Controlling emotions during disasters and other traumatic events. Teaching and Teacher Education, 59, 177–187.

Olweus, D. (2009). Mobbing in Schulen: Fakten und Interventionen. In A. Henschel, R. Krüger, C. Schmitt & W. Stange (Hrsg.), Jugendhilfe und Schule. 247–266. Wiesbaden: VS Verlag für Sozialwissenschaften. https://doi.org/10.1007/978-3-531-91396-4_16

Perfect, M. M., Turley, M. R., Carlson, J. S., Yohanna, J. & Saint Gilles, M. P. (2016). School-related outcomes of traumatic event exposure and traumatic stress symptoms in students: A systematic review of research from 1990 to 2015. School Mental Health, 8(1), 7–43. https://doi.org/10.1007/s12310-016-9175-2

Peters, M. A., Rizvi, F., McCulloch, G., Gibbs, P., Gorur, R., Hong, M., Hwang, Y., Zipin, L., Brennan, M., Robertson, S., Quay, J., Malbon, J., Taglietti, D., Barnett, R., Chengbing, W., McLaren, P., Apple, R., Papastephanou, M., Burbules, N. & Besley, T. & Misiaszek, L. (2020). Reimagining the new pedagogical possibilities for universities post-covid-19. Educational Philosophy and Theory, 54(6), 1–44. https://doi.org/10.1080/00131857.2020.1777655

Phoenix, A. (2014). Dealing with difference: The recursive and the new in the psychological framing of race and ethnicity. Ethnic and Racial Studies, 37(10), 1742–1753. https://doi.org/10.1080/01419870.2013.848289

Piaget, J. (1952). The origins of intelligence in children. International Universities Press.

Plutzar, V. (2016). Sprachenlernen nach der Flucht. Überlegungen zu Implikationen der Folgen von Trauma und Flucht für den Deutschunterricht Erwachsener. Osnabrücker Beiträge zur Sprachtheorie, 89, 109–132.

Prengel, A. (2006). Pädagogik der Vielfalt. Verschiedenheit und Gleichberechtigung in Interkultureller, Feministischer und Integrativer Pädagogik. 3. Aufl. Wiesbaden: VS Verlag für Sozialwissenschaften.

Prescott, D. & Wilson, R. J. (2013). Awakening motivation for difficult changes. Holyoke, MA: NEARI Press.
Provost, F. & Fawcett, T. (2013). Data science for business: What you need to know about data mining and data-analytic thinking. Sebastopol: O'Reilly Media.
Purtscher, K. (2006). Trauma im Kindesalter – komplexe Anforderungen in der psychosozialen Akutbetreuung. Wien: Springer.
Quack, E. & Fremmer, M. (2017). Schule als Lern- und Lebensraum für Jugendliche mit biographischen Verletzungen. In M. Jäckle, B. Wuttig & C. Fuchs (Hrsg.), Handbuch Trauma – Pädagogik – Schule (S. 655–674). Bielefeld: transcript.
Quindeau, I. (2019). Die Inflation des Traumabegriffs. PiD – Psychotherapie im Dialog, 20(2), 26–31.
Reddemann, L. & Wöller, W. (2019). Komplexe Posttraumatische Belastungsstörung. Göttingen: Hogrefe.
Said, E. W. (1978). Orientalism. Pantheon Books.
Saint Gilles, M. P. & Carlson, J. S. (2020). A pilot study on the effects of a supplemental trauma intervention within a head start preschool program. Research and Practice in the Schools, 7(1), 49–69.
SAMHSA – Substance Abuse and Mental Health Services Administration (2023). Practical guide for implementing a trauma-informed approach. SAMHSA Publication No. PEP23–06–05–005, S. 9. https://library.samhsa.gov/sites/default/files/pep23-06-05-005.pdf
Schön, D. A. (1983). The reflective practitioner: How professionals think in action. New York: Basic Books.
Schrittesser, I. (2020). Der Lehrerberuf – eine Profession. Einige Überlegungen zur LehrerInnenbildung. In C. Schörg & C. Sippl (Hrsg.), Die Verführung zur Güte. Beiträge zur Pädagogik im 21. Jahrhundert. Festschrift für Erwin Rauscher. 151–158. Innsbruck u. Wien: Studienverlag.
Siebert, G. & Pollheimer-Pühringer, M. (2024). Flucht und Trauma im Kontext Schule. Handbuch für Pädagog*innen. Hrsg. v. UNHCR Österreich. 8. aktualis. Aufl. https://www.unhcr.org/at/media/unhcr-traumahandbuch-pdf
Sinason, V. (1992). Mental handicap and the human condition. London: Free Association Books.
Sinason, V. (2002). Attachment, trauma and multiplicity: Working with dissociative identity disorder. New York: Psychology Press.
Sporleder, J. & Forbes, H. T. (2016). The trauma-informed school. Beyond consequences Institute.
Stein, C. (2020). Spannungsfelder der Krisenintervention: Ein Handbuch für die psychosoziale Praxis. Stuttgart: Kohlhammer.
Stokols, D. (1996). Translating social ecological theory into guidelines for community health promotion. American Journal of Health Promotion, 10(4), 282–298. https://doi.org/10.4278/0890-1171-10.4.282
Streeck-Fischer, A. (2006). Trauma und Entwicklung. Stuttgart: Schattauer.

Sugai, G. & Horner, R. R. (2006). A promising approach for expanding and sustaining school-wide positive behavior support. School Psychology Review, 35(2), 245–259. https://doi.org/10.1080/02796015.2006.12087989

Sweeney, A., Filson, B., Kennedy, A., Collinson, L. & Gillard, S. (2018). A paradigm shift: relationships in trauma-informed mental health services. BJPsych Advances, 24(5), 319–333. https://doi.org/10.1192/bja.2018.29

Terr, L. C. (1991). Clinical manifestation of childhood trauma. American Journal of Psychiatry, 48(10).

Thayer, T. L. (2019). Creating a nature-based environmental connection to at-risk EBD students in a self-contained classroom.

Thomas, C. (2013). Disability and impairment. In J. Swain, S. French, C. Barnes & C. Thomas (Hrsg.), Disabling barriers – enabling environments. 9–16. London: Sage.

Thomas, M. S., Crosby, S. & Vanderhaar, J. (2019). Trauma-informed practices in schools across two decades: An interdisciplinary review of research. Review of Research in Education, 43(1), 422–452.

Trauma and Learning Policy Initiative (2024). How we get there: whole school effort. https://traumasensitiveschools.org/trauma-and-learning/how-we-get-there-whole-school-effort/

Tuchinda, N. (2020). The imperative for trauma-responsive special education. NYU Law Review, 95, 766–836.

UN – United Nations. (2008). Convention on the rights of persons with disabilities. New York: United Nations.

van der Kolk, B. A. (2014). The body keeps the score: Brain, mind, and body in the healing of trauma. New York, NY: Viking.

van Dernoot Lipsky, L. (2010). Trauma stewardship: An everyday guide to caring for self while caring for others. https://www.bkconnection.com/static/Trauma_Stewardship_EXCERPT.pdf

Venet, A. (2018, February 7). A Teacher's experience with vicarious trauma. Edutopia, 21.03.2018. https://www.edutopia.org/article/teachers-experience-vicarious-trauma/

Vertovec, S. (2024). Superdiversität: Migration und soziale Komplexität. Frankfurt a. M.: Suhrkamp.

Venet, A. S. (2023). Equity-centered trauma-informed education. New York: Routledge.

Walklate, S. (2013). Victimology: The victim and the criminal justice process. New York: Routledge.

Wallace, K. O. & Lewis, P. J. (2020). Trauma informed art and play environments. In dies., Trauma informed teaching through play art narrative (PAN). 123–169. Leiden: Brill.

Wang, S. K., Feng, M., Fang, Y., Lv, L., Sun, G. L., Yang, S. L., ... & Chen, H. X. (2023). Psychological trauma, posttraumatic stress disorder and trauma-related depression: A mini-review. World Journal of Psychiatry, 13(6), 331–339.

Weiß, W. (2009). Phillip sucht sein Ich. Zum pädagogischen Umgang mit Traumata in den Erziehungshilfen. 5. Aufl. Weinheim u. München: Juventa.

Weiß, W. (2017). Quo vadis Traumapädagogik? Inspirationen, Konzepte, Fragen. In M. Jäckle, B. Wuttig & C. Fuchs (Hrsg.), Handbuch Trauma – Pädagogik – Schule. 634–654. Bielefeld: transcript.

WHO – World Health Organization (2004). ICD-10: International statistical classification of diseases and related health problems: tenth revision. 2. Aufl. https://iris.who.int/handle/10665/42980

WHO – World Health Organization (2024). ICD-11: Clinical descriptions and diagnostic requirements for ICD-11 mental, behavioural and neurodevelopmental disorders. https://iris.who.int/handle/10665/375767

Williams, A. A. (2020). How informed is »trauma-informed«? The voices of black male principals in urban high schools concerning trauma-informed school policy. Dissertation, Howard University.

Wodak, R. (2016). Politik mit der Angst: Zur Wirkung rechtspopulistischer Diskurse. Wien u. Hamburg: Edition Konturen.

Wolpow, R., Johnson, M. M., Hentel, R. & Kincaid, S. (2009). The hearth of learning and teaching. Washington State Office of Superintendent of Public Instruction (OSPI) Compassionate Schools. https://s3.amazonaws.com/bankstreet-wordpress/wp-content/uploads/2018/07/theheartoflearningandteaching.pdf

Wuttig, B. (2017). Über Schule als traumatischer Ort der Individualisierung. In M. Jäckle, B. Wuttig & C. Fuchs (Hrsg.), Handbuch Trauma – Pädagogik – Schule (S. 346–366). Bielefeld: transcript. https://doi.org/10.14361/9783839425947

Yacek, D. (2022). Bildung und Transformation: Zur Diskussion eines erziehungswissenschaftlichen Leitbegriffs. Berlin u. Heidelberg: Springer.

Yuval-Davis, N. (2011). The politics of belonging: Intersectional contestations. Thousands Oaks: Sage.

Zembylas, M. (2020). Emotions, affects, and trauma in classrooms: Moving beyond the representational genre. Research in Education, 106(1), 59–76. https://doi-org.proxy.bnl.lu/10.1177/0034523719890367

Zimmermann, D. (2017). Traumatisierte Kinder und Jugendliche im Unterricht. Ein Praxisleitfaden für Lehrerinnen und Lehrer. Weinheim u. Basel: Beltz.